神様サイズの夢を語ろう

池田 *Ikeda Keishi* 恵賜

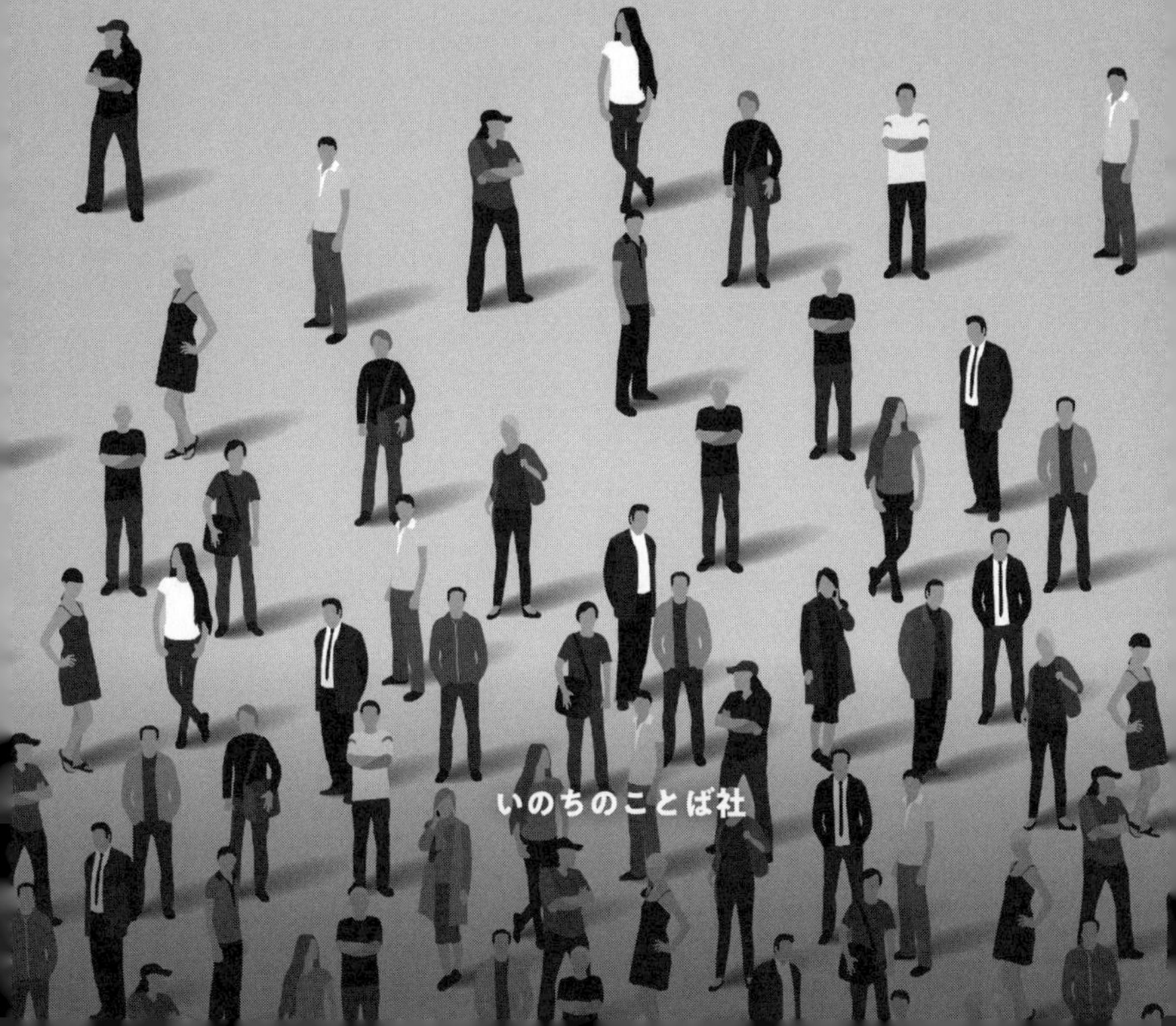

いのちのことば社

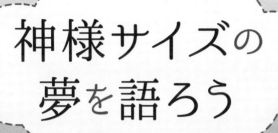

はじめに

今回このようにして『神様サイズの夢を語ろう』を出版できることを心から嬉しく思います。

これは2016年から本郷台キリスト教会で毎月出しているオリジナルデボーションガイド『毎日のみことば』の巻頭言として私が書いたものの中から、いくつかを選んで1冊の本としてまとめたものです。

2015年に、私の父でもある池田博牧師から主任牧師の立場を引き継いだとき、私は多岐にわたる本郷台キリスト教会の働きと、多くの教会員の方々をどのように導いたらよいのか悩みました。当時、大人の礼拝だけで4回あり、出席する礼拝が違うと同じ教会の教会員であっても、お互いに顔を知らないということもありました。

また「地域に仕える教会」を目指して取り組んでいたこともあり、教会の中のいくつもの働きが法人格を取って地域に対して責任のある仕事をするようになっていました。そのためビジョンを共有したり、一致するために教会員を集めて修養会やキャンプなどを行なったりすることも難しい状況になっていました。それぞれの働きの活動時間が違い、平日の日中中心の働きもあれば、夕方や週末、祝日中心の働きもあるからです。

それでも、なにか教会が一つになるための取り組みが必要だと感じ祈っていたときに、導かれたのがオリジナルデボーションガイド『毎日のみことば』でした。「教会員全員が同じみことばを読んで、祈り、黙想のときをもってから一日を始める」。これが教会の一致につながるのではないかと思いました。本郷台キリスト教会では「朝の15分があなたを変える」を合言葉に、朝のデボーションを以前から推奨していたからです。

しかし、実際に毎月オリジナルのデボーションガイドを作成するとなると大変な作業です。そこで私は、教会のリーダーシップチームにビジョンとその重要性を分かち合い、奉仕者を募りました。そして、委員会を立ち上げて、プロの編集者のアドバイスをもらいながら、なんとか発行までたどり着きました。この9年間、ひと月も欠けることなく発行できたのは、毎月、地道な編集、校正作業を忠実にしてくださる奉仕者のおかげです。この場を借りて感謝を表したいと思います。

その後もマンネリ化しないように、通読箇所を変えてみたり、証しやコラムを載せたりして、改良を加えてきました。現在では、オンライン早天祈禱会と聖書箇所をリンクさせ、信徒がその聖書箇所から教えられたことを分かち合ったり、教会の共通の祈りの課題を祈ったりするようになっています。

教会員が日々、同じみことばに立ち、ともに心を合わせて教会の祈禱課題を祈る中で、神の教会がより堅固に建て上げられてきたのを感じます。祈りとみことばは個人の信仰生活の土台であると同時に、教会形成の土台ともなるのです。

『毎日のみことば』を通して、教会の働きが広がっても、新しい教会員が加わっても、教会として一本筋が通って支えられているように感じることが多くなりました。私を含め一人ひとりは弱さや欠けもあり、決して強くない者同士なのですが、みことばと祈りを通して神の霊が教会員の間に働くときに、こんなにも素晴らしいことが起きるのかと日々感じています。

巻頭言として毎月、教会員に向けて新しい視点が与えられるように、私自身がいま感じていることや、教会の向かうべき方向、励ましとなる言葉などをなるべく平易な言葉を用いて書いてきたつもりです。

この本を手に取って読まれる皆様の信仰の歩みにも、新たな視点が与えられるならば嬉しく思います。

昨今、世の中は暗いニュースが多く、教会関連でも明るい話題が少ない日々です。しかし、クリスチャンが神様に生かされている者として、どんなときも神様に目を向けて、神様サイズの夢を語っていくならば、何かが変わっていくのではないかと思わされています。

皆様方の上に神様からの希望と祝福が豊かに注がれますように。

※文中の聖句は、『聖書 新改訳２０１７』と『新改訳 第３版』（＊を付けています）を使用しています。

目次

第1章

聖書に学ぶ生き方の知恵

神の祝福の原則

「いい大学を出れば幸せになれる」と考えている小学生が78パーセントもいるということが、２０１６年の、ある教育系企業による調査で明らかになりました。その9年前より17ポイントもアップしているということで、最近の子どもたちはそのような意識が強くなってきているのかもしれません。

クラスで人気者になる。テストで一番を取る。いい大学に入り、いい会社に入り、いい結婚をし、いい子どもが生まれ、出世をし、お金を稼ぎ、いい老後を迎える。これが今の小学生が思い描いている幸せ像かもしれません。

「幸せな人生を送りたいですか？」

このような質問をされたら、多くの人は、「はい」と答えるでしょう。

では幸せとは何でしょうか？　一生困らないほどのお金が与えられることでしょうか？　好きな人と結婚できることでしょうか？　家族がいて幸せに暮らすことでしょうか？　自分

の夢を成し遂げることでしょうか？

　この文章を書く前日、プロ野球選手が「野球賭博に関わっていた」と自ら告白し、記者会見を開いていました。きっと彼もプロ野球選手になりたいと小さい頃からの夢を追いかけていたことでしょう。そして、夢が叶い、プロの選手となれた時は、どんなに喜んだことでしょうか。しかし、10年も経たないうちにその栄光は地に落ちてしまいました。

　また何十億も稼ぎながら、薬物に手を出した選手もいます。

　祝福された人生、幸せな人生を送りたいと願うことは、素晴らしいことだと思います。そのために努力することも必要でしょう。

　しかし、私たちは何のために祝福されるのか、幸せになるのかを考えなければいけません。幸せを手に入れた後、それをもって何をするのかを考えましょう。幸せを手に入れることが目標の一つであってもいいのですが、ゴールとなってしまってはいけません。

　私は、あるとき韓国の教育者と話す機会がありました。彼は多くの優秀な人材を一流大学や大学院、そして国連などにも送り出している人物です。彼は、そのような有能な若者たちにいつも夢を尋ねるそうです。すると若者たちは大抵、いい大学に入って、いい会社に就職して、お金を稼ぐことと答えるそうです。この教育者は、今まで一度も「稼いだお金を何のために使うか」までを話した若者はいないと嘆いていました。

お金は私たちを幸せにも、不幸せにもします。有名な人になることは、あなたを幸せにも、不幸せにもします。栄光を勝ち取ることは、あなたを幸せにも不幸せにもします。だから何のために幸せになるのか、何のために祝福された人生を求めるのかを、しっかりと握っておく必要があるのです。

聖書には、「受けるよりも与えるほうが幸いである」（使徒20・35＊）と、書かれています。普通に考えたら持っているものを与えてしまったら、減るか無くなってしまうので損をするということになります。確かに目に見える世界においてはそうです。しかし、与えた時に生み出されるものもあるのです。感謝だとか、充足感、喜びという目に見えないものは、与えた時に増え広がるのではないでしょうか。

また、聖書の別の箇所では、「何事でも、自分にしてもらいたいことは、ほかの人にもそのようにしなさい。これが律法であり預言者です。」（マタイ7・12＊）と、書かれています。私たちはよく、「人の嫌がることはしてはいけません」と言われて育てられます。ここには「人の嫌がること」と「してはいけません」という二つの否定的な要素が含まれています。しかし聖書は肯定的な言葉を用い、もっと積極的に人と関わり、祝福を分け与えていきなさいと勧めているのです。それが、結果的にあなた自身の祝福となって返ってくるからです。

学生時代にアメリカで、C・S・ルイスという人物について学ぶクラスで読んだ本の一冊に『悪魔の手紙』という題の本があります。先輩悪霊の一人〝スクルーテイプ〟が、甥っ子の新米悪霊〝ワームウッド〟に宛てた手紙で、いかにしてキリスト者を神から引き離すのかという悪魔の視点で書かれた変わった書物です。

反面教師的でありながら、様々な示唆に富んだ一冊ですが、その中の一文に「彼（※全能なる神のこと）は、自分の造った羽根なしの二足獣（※人間のこと）を本当に愛し、左手で奪ったものを、常に右手で返してやるのである」とあります。

私たちは神のために何かを犠牲にしたとか、神にこんなにも献げたとか思うことがあるかもしれませんが、神様は必ずそれ以上の祝福を、あなたに返してくださるお方なのです。

人間味をもって生きる

先日、ヤマト運輸が宅配便の扱い量を抑えるというニュースが流れました。ネット通販の拡大などにより、宅配量の急増にドライバーの確保が追いつかず、長時間労働に繫がっているからだそうです。

世の中の物流や交通手段、ネット環境が整い、「いかに物事を効率的に早くこなすか」「いかに無駄を省くか」「どれだけの利益を生み出すか」、そのようなことが物事の判断基準にもなっています。しかし、世の中が便利になる一方で、それを支える人々に過重な負担がかかってきています。情報システムを支えるSE（システムエンジニア）や、インフラを支える人たちの労働環境はますます厳しいものになり、共働きが増える中で保育園や保育士も不足しています。

便利になるのはいいのですが、バランスも考えなければいけないと思うのです。

社会を便利にし、それを支えるのに人の力が必要で、それを享受するのも人であるなら、人間味が大切なのではないでしょうか。効率化を考える一方で、いかに心を込めて成し遂げたかという視点も必要だと思うのです。

マザーテレサの修道会では、空腹な人たちへの炊き出しの奉仕があり、列を作って待っている人たち一人ひとりにパンとスープを配ります。奉仕を終えて戻ってくるシスターたちの労をねぎらいつつ、マザーは必ずこのように語りかけたそうです。「あなたたちは、受け取る一人ひとりにほほえみかけたでしょうね。ちょっと手に触れてぬくもりを伝えましたか。短い言葉がけを忘れはしなかったでしょうね」

人のぬくもりは人からしか伝わりません。そして、ときにそのぬくもりは、人を励ます力にもなります。時間や効率ばかりを考えるのではなく、私という個人から何を流せるのか。そんな心の余裕を持てたらいいと思うのです。

渡辺和子氏のベストセラー『置かれた場所で咲きなさい』にこんなエピソードが載っています。彼女は、あるとき学長室の四階に行くエレベーターで［4］を押したあと、無意識のうちに毎回［閉］ボタンを押している自分に気がついて、「4秒も待てない私でいいのか」と考え、それ以後［閉］を押さずに「待つ」ようにしました。そしてその待つ間、小さな祈りをささげるようにしたそうです。学生や苦しむ人のため、世界の平和のために。すると徐々に、他のことでも忍耐強く待てるように変えられていったとのことです。

彼女は言います「時間の使い方は、そのままいのちの使い方なのです」。人生は思いどおり順風満帆にいくものではありません。いつも最高速度で走ることを目指すのではなく、ゆっくりしか進めないとき、止まって進めないときにも、自分の生かされている意味をしっかり見つけ、あせらずに、ゆとりを持って、何事にも対応できる心の広さを持てるようにと願います。

「私は…あらゆる境遇に対処する秘訣を心得ています。」パウロ（ピリピ4・12＊）

時間や効率ばかりを考えるのではなく、
私という個人から何を流せるのか。
そんな心の余裕を持てたらいい。

ノビノビと生きる

「自分らしく生きていますか？」

こんな問いを投げかけられたら、あなたは何と答えますか？

自分らしく生きたいと願いながらも、多くの人は他人の目を気にして生きているのではないでしょうか。他人の目を気にするのは大切な面もありますが、段々と自分と他人を比べるようになり、そのたびに自分を卑下したり妬んだりし始めると問題は大きくなります。

私たちはなぜ人と自分を比べてしまうのでしょうか？　確かに私たちの内には自我があり、人に認めてもらいたい欲求があります。しかしそれは本来、他人と比べて獲得するものではありません。


聖書の中にはこんな話があります。

アダムの息子カインは、自分のささげ物が神に受け入れられず、弟アベルのささげ物が受け入れられたときに、妬みにかられて弟を殺してしまいました。しかし神様は、カインにこのように言われました。「なぜ、あなたは怒っているのか。なぜ顔を伏せているのか。もしあなたが良いことをしているのなら、受け入れられる。」（創世記4・6、7）

神様は誰かと比べてあなたを評価なさる方ではありません。あなたが正しい心でしていれば、それを認めてくださるお方です。

人はそれぞれ容姿も能力も異なっています。ですから当然一つの基準、一つの物差しで、その人を測ることはできません。更に言うなら人によって能力が違うので、満点の点数さえ違ってきて良いのです。しかし私たちはいつも百点が満点と考え、その基準に「何点足りない」と減点方式で考えてしまっているのです。

以前、ある市会議員と話をしたときに、こんな話をしてくれました。「今の市長（当時）は、減点方式で役人を査定するからダメだ。失敗を恐れて萎縮して役人が動かなくなってしまっている。トップに立つ人間は、もっと、『責任は俺が持つからやってみろ』というのでなければ、下はのびのびと仕事ができず良い結果もでない」と。「なるほどな」と思わされました。減点方式では、人は与えられた良さを発揮することが難しくなります。そうではなく神様が与えられた良い点を見つけ加点方式で人と接するならどんなに楽しいことでしょう。

そのような意味で、私たちはもっと神の視点で生きるべきではないでしょうか。いま持っているものを当たり前のように自分のものと考えるのではなく、神からの恵みとして感謝して日々受け取る。神が与えてくださった良い点や、恵みに目を留めて生きるのです。そうするときに私たちは、「普通の日」と思って過ごしている日も、そこにたくさんの恵みを発見します。健康も、家族も、友人も、毎日の食卓も、神からの恵みとして受け取るとき、神の視点を持つことができるようになります。そして私たちは他人と比べて生きるのではなく、神様の前にノビノビと生きることができるのではないでしょうか。

「私は、とこしえまでも、あなたに感謝します。あなたが、こうしてくださったのですから。私はあなたの聖徒たちの前で、いつくしみ深いあなたの御名を待ち望みます。」

（詩篇52・9＊）

人によって能力が違うので、
満点の点数さえ違ってきていいのです。

失敗に向き合う力を育てる

野球選手で生涯打率が3割を超えれば、「超」がつくほどの一流選手といわれています。日本プロ野球界では25人。そのうち現役選手は4人いるそうです。彼らの年俸は数億円にものぼります。

3割バッターというのは「10回中、3回ヒットを打つ」ということ。つまり残りの7回は打ち取られている計算になります。10回中、7回失敗しても3回成功すれば評価される。そう書くとラクに聞こえるかもしれませんが、実際にはそれがとても大変なことです。肉体を極限まで鍛え、技術を磨き、精神を研ぎ澄ませて打席に立つ。それでも、7回は失敗する。しかし、その7回の打席にこそ、3回の成功を導く鍵があるのです。

今年引退したイチロー選手もこのように言っています。「安打だけでなく凡打も僕を磨いてくれた」

一見、失敗に見える凡打の中にこそ自分の成長のために必要な要素が詰まっています。失敗は恥ずかしいし、乗り越えるには苦しい思いをするかもしれません。しかし失敗から目をそらしたり逃げ出したりしては何も生まれないのです。イチロー選手はまた、このようにも言っています。「4000のヒットを打つには、8000以上の悔しい思いをしている。誇れるとしたらそこじゃないかな」

失敗に正面から向き合って、そこから「何を学ぶのか」「その後どのように行動するのか」そこに違いが生まれてくるのです。

これは野球だけでなく、私たちの人生の様々な分野に通じる大切な「教訓」ではないかと思います。自分が失敗したときに、この「教訓」を思い出すだけでなく、人の失敗に対しても適用する者でありたいと思っています。

イエス様ご自身も失敗する弟子に対して、とりなしてくださっています。

「シモン、シモン。見なさい。サタンがあなたがたを麦のようにふるいにかけることを願って、聞き届けられました。しかし、わたしはあなたのために、あなたの信仰がなくならないように祈りました。ですから、あなたは立ち直ったら、兄弟たちを力づけてやりなさい。」（ルカの福音書22・31、32）

ペテロはイエス様を裏切るという失敗をし、自分自身が追い詰められる経験をしました。

しかし、その失敗に向き合い、それでも見捨てなかったイエス様の愛に気づいたときに、彼の人生は変えられたのです。そして、イエス様を裏切った他の弟子たちだけでなく、多くの人々の人生に影響を与える者と変えられました。

失敗をするのは許されないことではないし、恥ずかしいことでもない。むしろ失敗の中に、その後の人生を豊かにする秘訣が隠されている。そのことを知ると私たちは、「失敗こそ祝福の原石だ！」と大胆に宣言することができます。


ですから、本郷台キリスト教会では安心して失敗できる雰囲気、失敗から学んでいく習慣を創り出していきたいと願っています。一人ひとりが失敗に向き合う力を養っていきたい。これは筋肉と一緒で鍛えていく必要があります。もし牧会ファミリーのメンバーや教会の兄弟姉妹が失敗をしたときは、それをお互いの成長の機会として捉えていただきたいのです。

前述の野球選手はまた、こんなことも言っています。「全くミスなしで上位にたどり着いたとしても、深みは出ない」

失敗を失敗で終わらせず、そこから主の仲間である兄弟姉妹と共に学び、人生の深みや円熟味を増し加えていきたい、そう願っています。

人は何のために生きるのか

あなたは自分が「何のために生きるのか」を考えたことがありますか？

ある人が言うには、次の五つの理由に直面した時に、人は何のために生きるのかを考えるそうです。

①やりたくないことをしているとき
②人の死に直面したとき
③楽しいことが見つからないとき
④忙しい中でふと自分を見つめたとき
⑤将来のことを考えたとき

通常の生活を送っているときや、物事が上手く進んでいるときは、人はあまり生きるということを考えません。逆に言えばあなたが「何のために生きるのか」考えているのならば、人生の転機にいるのかもしれません。

私たちは、誰しも自分の人生に意味や目的を見出したいと願っています。生きていく上で「生きがい」や「使命」を必要としているのです。それなしでは充実した人生を送れないでしょう。

「生きがい」は、他人に理解されなくてもよいのです。冒険家の栗城史多さんは、エベレスト下山途中に凍傷で両手の指9本を失いながらも次のエベレスト登山に向かい、命を落としました。登山をしない人にしたら、「なぜそこまでするのか」と疑問に思うことですが、そこには彼の「生きがい」があったのだろうと思います。

モーセは神様から与えられたチャレンジを受けるときに、「どうか、あなたの栄光を私に見せてください。」（出エジプト33・18）と願いました。きっとモーセは、与えられたチャレンジを全うするためには情熱が必要であることを分かっていたのでしょう。そしてその情熱は、神の内にあることも。その情熱に触れさえすれば自分はきっと成し遂げることができると思ったのでしょう。彼は神のうしろを見ることができたと聖書に書かれています。

「背中を見て育つ」という言い方があります。先日テレビのドキュメンタリー番組で、先祖代々受け継いできた老舗の佃煮屋の娘が、父親の跡を継ぐと宣言する場面がありました。親が仕事に打ち込む背中を毎日見ているうちにその情熱が伝わっていったのでしょう。自分の人生をこれに賭けようと決心したのです。
自分の人生を賭けてもよいと思う程のことに出会えたら素晴らしいと思います。ここに自分の存在意義がある、と言える人の人生は他を惹きつけることでしょう。

神に出会い、神の思いに触れたパウロはこのように告白しました「私にとって生きることはキリスト、死ぬことは益です。」（ピリピ１・21）。
モーセやパウロが体験したように、私たちも、「あなたの栄光を私に現わしてください」と神に願う者でありたいと思います。そして、神の情熱に触れ、神が置かれたところどこにおいても、自分の存在意義を見出しながら神の情熱をもって仕えることができるなら、そこに神の国が広がることを確信します。

あなたが「何のために生きるのか」考えているのならば、人生の転機にいるのかもしれません。

今の自分が一番若い

このタイトルは、先日ラジオで聞いた言葉です。「自分の過去は変えられない。これから未来の自分が何かをするとするならば、今の自分が一番若いのだから、失敗を恐れずに行動していこう」という意味だそうです。人生に対して前向きになれる、いい言葉だなと思いました。

聖書には、「あなたの若い日に、あなたの創造者を覚えよ。」（伝道者の書12・1）という言葉があります。今の自分が一番若いと考えるならば、一日でも早いうちに「あなたの創造者を覚えよ」ということになります。

「創造者を覚える」とは、どういうことでしょうか。

「私たちは造られた存在であると知る」ということです。造られたのならば、造った方がいて、造られた目的があるのは当然です。つまり「私」という存在は、偶然に存在しているのではなく目的があって造られ、今、この時代、この場所に置かれているのです（使徒17・

26）。

なぜ「若い日に」と勧められているのでしょうか。

私たちは、「目的をもって造られた存在である」ことを人生の早い段階で知ることによって、豊かな人生を送ることができるようになるからではないでしょうか。

私たちの人生には様々なことが起こります。時には予期しない困難が起きて私たちを迷わせ、苦しめることもあります。また人生の岐路において、どの道を歩んだらいいか分からなくなるときもあります。そんな時に、あなたを造られた「創造者」の存在を知っている人は、力強く歩むことができます。

なぜならその創造者は、全能者であるからです。そして〝愛の塊〟のような、純度100パーセントの愛に満ち溢れたお方だからです。このお方が失敗することは決してありません。このお方に裏切られることもありません。実のところ、このお方に委ねて生きる道こそ、私たちが一番輝いて生きることができる道なのです。

ある番組で、パラリンピックの選手がこのように言っていました。「パラリンピックの選手は、一度人生で挫折を味わって、命と向き合っているのです。その中でスポーツを選び取ったのです」。なるほど、このように発言したこの方の目は、確かに輝いていました。その言葉は確信に満ちた強いものでした。スポーツに出会ったことで、障がいを乗り越えることができたのでしょう。そして、そのような人のプレーは人々に感動と勇気を与えることができます。

私たちクリスチャンも、そのように大胆に証ししていきたいものです。「私は人生で大きな挫折を味わいました。しかし神様と出会い、私は変えられました。私は今、神様とともに満ち足りた人生を送っています」

このことをいつも心に刻み、生きていくのならば、私たちは愛に満ちた力強い人生を送ることができます。それは自分だけでなく、あなたと出会う人々をも祝福し、力を与える歩みです。

創造者は、〝愛の塊〟のような、
純度100パーセントの愛に満ち溢れた
お方だからです。

リーダーとは

「あなたがたの間で先頭に立ちたいと思う者は、皆のしもべになりなさい。人の子が、仕えられるためではなく仕えるために、また多くの人のための贖いの代価として、自分のいのちを与えるために来たのと、同じようにしなさい。」（マタイ20・27、28）

聖書のこの箇所から「サーバントリーダーシップ」という言葉が生まれ、今、多くの企業でも〝仕えるリーダーシップのあり方〟が学ばれています。

一般的に「リーダー」といえば、先頭に立ってメンバーをぐいぐい引っ張っていくイメージで、良いリーダー像とは「何かあったら責任を取る」といった親分肌的なイメージがあります。

しかし、イエス様が示された、先に立つ者の在り方は全く逆でした。それは先頭に立って引っ張るのではなく、むしろ人々に仕えるというものでした。イエス様はこの世界で最も人々に仕えられてよい存在でしたが、人々に仕えてくださったのです。イエス様はご自分に従ってきた弟子たちの足さえ洗ってくださったのです。

アメリカのチキンバーガーチェーンである「Chick-fil-A（チックフィレ）」のアトランタにある本社に行ったことがあります。東京ドーム何個か分の広大な敷地にある本社の建物に入ったとき、一番に目に飛び込んできたのが、イエス様が弟子の足を洗っている銅像でした。

熱心なクリスチャンである創業者は、日曜日は最も売り上げが期待できる日でありながら、主の日ということで店を開けないという選択をしました。それにもかかわらず、確かな品質と誠実な接客により、チックフィレは全米最大のチキンバーガーチェーン店にまで成長しました。その創業者の心にいつもあったのが、弟子たちの足を洗うイエス様のサーバントリーダーとしての姿だったのです。

「リーダーシップ」という言葉を聞くと、「私はリーダーに向いていない」と考える方も多いかもしれません。

リーダーの役割、責任とは何でしょうか。

リーダーの最大の役割は、メンバーを正しい方向、目指している方向に導くことです。船長にたとえて考えるとよく分かります。船舶における船長の最大の役割は、船に乗っている人々を目的地に導くことです。ですから、船長となる人は目的地を知っていなければなりません。

これを人生に置き換えてみるとどうでしょうか。誰が人生の目的を知っているのでしょうか。聖書によれば、それは私たち「クリスチャン」なのです。クリスチャンである私たちは、人生の目的と歩んでいく方向を、聖書によって知ることができます。

「目指すべき正しい方向を知っている」ならば、その人はリーダーとして立てられている、といえるのです。

そのような意味で、私たち一人ひとりはリーダーです。少なくとも私たちの周りにいる、道を求めている人々に、イエス様が見せてくださったように仕えていきたいと願いつつ、歩んでいきましょう。

リーダーの最大の役割は、メンバーを正しい方向、目指している方向に導くことです。

プロフェッショナルとして生きる

先日、「プロの条件」というコラムを読みました。「プロフェッショナル」と「アマチュア」の違いはどこにあると思いますか？　そのコラムニストの方は、プロとアマの違いは四つに集約されると言います。ここでは「プロの要件」だけをまとめておきます。

第一にプロは、「自分で高い目標を立てられる人」だということです。

第二に「約束を守る」ということを挙げています。自分に与えられた報酬にふさわしい成果をきちんと出せるということです。

第三に「準備をする」ことです。「絶対に成功する」という責任を自分に課して、そのために徹底的に準備をするのがプロだというのです。

第四にプロとアマの違いの決定的要因として「『進んで代償を支払おう』という気持ちを持っている」ことを挙げています。

プロであるためには高い能力が不可欠で、それを得るために時間とお金と努力を惜しみません。犠牲をいとわず、代償を悔いない人が「プロなのだ」と結論づけていました。

これを読んだときに真っ先に思い浮かんだのは、イエス・キリストのことでした。おかしな言い方かもしれませんが、人となられたイエス様こそ真の「プロフェッショナルなお方」ではないかと思ったのでした。

ピリピ人への手紙には、このように書かれています。

「キリストは、神の御姿であられるのに、神としてのあり方を捨てられないとは考えず、ご自分を空しくして、しもべの姿をとり、人間と同じようになられました。人としての姿をもって現れ、自らを低くして、死にまで、それも十字架の死にまで従われました。」

（ピリピ2・6－8）

イエス様は、「（私たちの救いのために）誰よりも低くなるという『高い目標』を立て、人類の歴史の初めから救いの計画の『準備』をはじめ、その『約束』を忠実に果たし、自らのいのちを救いの『代償』として支払われて」救いを成し遂げてくださいました。イエス様は神から与えられた使命に、（人間的な言い方をすれば）プロとして応えられたのです。イエス様こそ究極のプロフェッショナルなお方です。

一方、神様から宣教の使命［マタイの福音書28・18－20の大宣教命令］を託されている私たちはどうでしょうか。イエス・キリストがいのちを投げ出してまで与えてくださった救いを伝えるという「神に与えられた使命」に、プロフェッショナルとして応えているでしょうか。神の宣教の働きを成し遂げるために高い目標を掲げ、そのための準備をし、約束を果たし、そのために犠牲を払っているでしょうか。

この宣教の働きは、一人で成し遂げるものではありません。救われた一人ひとりがそれぞれの内に住んでくださっている聖霊を通して、まず神のみこころを聴きましょう（Ⅰコリント2・11）。そして神様が与えてくださる仲間（キリストのからだの各器官・Ⅰコリント12・27）と協力し合いましょう。

イエス様が模範を見せてくださったように、私たちも「神のみこころに応えるプロフェッショナル」を目指して歩んでいけたらと願います。

「神はみこころのままに、あなたがたのうちに働いて志を立てさせ、事を行わせてくださる方です。」（ピリピ2・13）

ニセモノにご注意

「違いの分かる男～」と言えばピンとくるＣＭがある、という方もいらっしゃると思います。あるインスタントコーヒーのＣＭです。最近はこのＣＭを見ないなと思ったら、お蔵入りしてしまったそうです。

なぜかというと、このインスタントコーヒーを製造販売する企業が、新たな製法を開発し、「脱インスタントコーヒー宣言」をしたためだそうです。さらに、日本インスタントコーヒー協会からも脱会し、商品からインスタントコーヒーという表記も削除したそうです。そして「インスタントコーヒー」を想起させてしまうということから、一世を風靡したあの曲とフレーズ、ＣＭを封印したという経緯があるようです。

インスタントコーヒーは原材料がコーヒーですので、偽物ということではありません。しかし、本物ではないというイメージがあるので、このような取り組みをすることになったのでしょう。

世の中には、本物と偽物があり、そこに大きな違いがあるのです。

「偽」という漢字は、「為」という字に「人」がついています。これは人間の作為によって姿が変化する、うわべをつくろう、という意味があるそうです。つまり「偽」とは、何らかの利益を得るために、本物に似せて何かをつくりだすということなのです。本物が素晴らしければ必ず偽物が出回るとも言えます。

偽物でもいいというものと、本物でなければ駄目なものとがあります。例えば、通貨などは本物でなければなりません。

では、私たちはどのように本物と偽物を見分けたらよいのでしょうか。

私は大阪に行ったときに、初めて明石焼きというものを食べました。

しかし、人生初の明石焼きの1個目には何故かタコが入っていませんでした。そこで私は「そうか。明石焼きとは、フワフワの卵焼きっぽいものを出汁にくぐらせて食べるものなのか」と勘違いしてしまいました。しかし、続く2個目、3個目にはしっかりとタコが入っていて、自分の勘違いに気づきました。

私たちは本物を知らないと、偽物を見分けることはできません。

古美術鑑定家の中島誠之助さんは、あるインタビューでこのように応えていました。「物を見るというのは生まれながらの能力もあるが、あとはいい物を見ることが大事。展覧会でも秘蔵品でも見るチャンスがあったら労を惜しまずに行くってことなんです。そして常に見てないとね。私はいまだによく見に行きます。この頃はいい展覧会が多いから忙しいねえ。美術品は仕事だから当然ですけども、建築物でも景色でも、もっというと、いい音楽を聴き、いい本を読み、常に最高の水準に接して感性を高めておくことが一番の基礎になるんです」

偽物を見極めようと偽物ばかりにいくら目を凝らしても、目利きになることはできません。本物に触れることです。これは宗教の世界にも言えることです。

「イエスは言われた。『惑わされないように気をつけなさい。わたしの名を名乗る者が大勢現れて、「私こそ、その者だ」とか「時は近づいた」とか言います。そんな人たちの後について行ってはいけません。』」（ルカ21・8）

終わりの時代に「自分こそ本物だ」という救い主が大勢現れます。そのような時に慌てなくて済むように、普段から本物に触れて、揺るがない人生を歩んでいきましょう。

ウクライナ避難民支援にあたって

私たちの教会は、現在ウクライナ避難民の支援をさせていただいていますが、この働きに携わる中で、改めてバット宣教師とララ物資のことを思わされました。そこで、今月の「毎みこ」にバット宣教師のことを記したいと思います。

バット宣教師は、カナダ・メソジスト教会から派遣され1921年に横浜港に到着しました。彼は、外国人に対して自分の気持ちや意見をはっきり言わない日本人の心を知るために、必死に日本語を勉強し、やがて「日本人でもこれほどきれいな標準語を話せない」と言われるほどに日本語が上達したそうです。

当時の日本は資本主義が急速に発展し、東京には多くの工場が造られ、地方から沢山の労働者が集まっていました。しかし、労働者たちの権利は弱く、低賃金で長時間働かせられ、劣悪な環境に置かれていました。そして、不景気になると簡単に解雇されたのです。そのため下町はスラム街へと変貌していきました。

スラム街には、戸籍のない子どもも多く、不衛生で犯罪や伝染病の温床となっていました。そのような中、宣教師たちは救済活動として、保育園、幼稚園、小学校、夜間中学校、労働者の簡易宿泊所、珠算・裁縫・家政学校、料理会、夜間学校、英語学校、聖書研究会、日曜学校を始めていったのです。バット宣教師も、サイドカー付きのオートバイでこれらの拠点をまわって、精力的に支援していました。

永福聖一氏の著した『日本が受けた恩　ララ物資を始めた人々』には、このように記されています。

「バットは子供たちの鼻をかみ、おしっこをさせてやり、歌を歌い、お遊戯をした。小学生や中学生には勉強を教えた。いろいろな活動を監督し、日曜日には教会で話し、日曜学校で教えた。様々な相談に乗り、夫婦げんかの仲裁もした。夜は青年たちに勉強や英語を教え、聖書を講義した。

スラム街に住む母親たちのために、リサイクル事業も始めた。東京市民に呼び掛けて、古着や中古の台所用品を提供してもらい、補修・加工して安価で販売し、現金収入が得られるようにした。バットは晴れの日も雨の日も、オートバイで走り回って材料を集めた」（同書37頁）

バット宣教師は「子供を学校に取られる」と嫌がった親たちを説得して回り、教育を受けさせたのです。その子供たちの中には、後に国立大の教授になった者や議員になった者もいました。

1941年になると日米関係が悪化し、戦争の足音が聞こえるようになりました。多くの宣教師が母国の勧告を受け入れて帰国する中、バット宣教師は最後まで日本に残る決断をします。彼は、地域住民とともに防空演習やバケツリレーの練習にも加わったといいます。

12月8日、日本が真珠湾攻撃をして太平洋戦争が始まりました。バット宣教師も拘禁されることを覚悟していましたが、彼が強制収容されることはありませんでした。それどころか、自宅に住み、東京府内なら外出できる自由も許されたのです。彼がこれまでにどれだけ日本人に尽くしてきたかを皆が知っており、その中には政府の関係者もいたためでした。憲兵たちも礼儀正しく、迷惑をかけることを謝罪してから、簡単な家宅捜索をしただけでした。

バット宣教師自身は最後まで日本に残り、戦争被災者のために働くつもりでいたのですが、自分が出歩いて接触することで迷惑がかかる友人たちがいるのを慮って、帰国を決意したのです。

終戦後、数十年ぶりの大凶作も重なり、食糧不足で一千万人が栄養失調死や餓死するとされ、いよいよ食料備蓄も尽きたとき、日本政府はアメリカのキリスト教徒を中心とした団体から、日本に救援物資を送りたいとの申し出を受けたのです。いわゆる「ララ物資」です。すべて無償で提供され、食料品だけでなく、衣料品、医薬品、生活用品、山羊、乳牛も含まれていました。総額４００億円以上となる寄贈品でした。日本は１９５２年までの６年間に１４００万人以上がその恩恵を受けたといわれています。

そのララ物資の支援団体の代表の一人が帰国したバット宣教師だったのです。

「あなたがたが、これらのわたしの兄弟たち、それも最も小さい者たちの一人にしたことは、わたしにしたのです。」（マタイ25・40）

どの時代、どのような環境にあっても神の愛は注がれ、その神の愛を受け取った人たちによって、神の働きは前進するのです。ミッション３０００※の働きが横浜から海を越え、ウクライナにも拡げられていることを覚え、祈りつつ仕えさせていただきましょう。

※ミッション3000…初代教会の在り方に現代の教会のモデルを見出し、それを実践していく本郷台キリスト教会のビジョン。使徒2章41‐42節とマタイ9章35‐36節を土台とし、「地域の人たちの必要に神の愛と祈りをもって応えていくこと」を社会に対して果たすべき教会の使命と捉えている。

人の価値とサタンの嘘

「人の価値とは、その人が得たものではなく、その人が与えたもので測られる」とは、20世紀を代表する物理学者アルバート・アインシュタインの言葉です。

「自分には価値がない」。何か大きな失敗をしたとき、人を傷つけてしまったとき、そのように考えることはないでしょうか。しかし、これは「サタンの嘘」です。

確かに人生には良いときもあれば、悪いときもあります。これはクリスチャンであってもなくても同じです。でも大切なのはどんなときも自分の価値を見誤らないことです。冒頭のアインシュタインの言葉は、私たちの価値観を転換させるきっかけとなる言葉だと思います。

私たちは自分の価値を自分の中に見出そうとします。だから人生で「得る」ことを考えます。学力や体力、能力、資格、見た目の美しさ、財産、成功など、いろいろなものを手に入れて自分の価値を高めようとするのです。しかしアインシュタインは、それはその人の本当の価値ではないというのです。得たものではなく、むしろその人がどれだけ手放すことができるかで、その人の価値は測られるのです。これはお金に限ったことではありません。自分の時間、能力、笑顔、優しさなど、私たちの内には人に分け与えられるものがたくさんあります。自分にないものを手に入れようと一生懸命になるのではなく、自分の持っているものを与えることに価値を置くならば、人生の見方が変わってくるでしょう。

さらに聖書を読むと、この視点は神の視点へと移ります。イザヤ43章4節前半には「わたしの目には、あなたは高価で尊い。わたしはあなたを愛している」とあります。ここには私たちを造られた神様が私たちをどう見ているかという神の視点が書かれています。神様は私たち一人ひとりを、そのままで価値ある存在として愛してくださっているのです。あなたは神がご自身のひとり子を犠牲にするほどに価値ある存在なのです。

自分の価値を認めてもらうために何かを得ようと頑張るのと、神がいのちを投げ出すほどに価値のある存在だから頑張るというのでは、頑張る意味合いが全く違ってきます。

先日、韓国で芸能人伝道をしている牧師先生とお話しする機会がありました。その先生の教会には何人も芸能界の方が来られているそうです。私は「芸能界の方々と接するとき、伝道するとき何を大切にされていますか」と質問してみました。すると、先生は「とにかく彼らとみことばの学びをしっかりとすることだ」と答えられました。

そして、「芸能人は人気商売だから、そこに身を置く人たちは不安定な環境に置かれています。人気があれば自分は必要とされていると感じ、そうでなければ自分には価値がないと思い込んでしまいやすいのです。だからこそ『神が造られた私だから価値がある』ということが、信仰によってしっかりとその人自身に結びつけられる必要があるのです」と仰っていました。日本の芸能界にも「サタンの嘘」が蔓延しています。そして残念なことですが、有名な方が自死されると自死の連鎖が起きてしまいます。日本の芸能界にも福音が必要です。

そして、私たちも一人ひとりが神の作品であるということを覚えて、唯一無二の価値をこの世に輝かせていきましょう。

ストレスと神

先日、「ストレスフリーな社会を目指して」というキャッチコピーが目に留まり、ふと気になって「ストレスフリー」という言葉を検索してみました。ストレスフリーとは、ストレスが一切ない状態を表す言葉だそうです。「ストレスが一切ない社会」を目標や理想として掲げるのはいいのかもしれませんが、そのために実際に活動していくのは大変で、その活動によってストレスが増えるような気がしました。

私たちの生きているこの社会では、ストレスをなくそうとする以上に、ストレスとどのように向き合っていくかが大切なことのように思います。もちろん過度なストレスは良くありませんが、ある程度のストレスは生きる張り合いにもなります。聖書を読むとアブラハムも、モーセも、ダビデも、パウロも、様々なストレスを抱えながら成長していく姿が書き記されています。

ある調査会社が調べたところ、現代の日本人が抱える一番大きなストレスは「職場や学校での仕事や勉強の量や内容」だそうです。みなさんはどうでしょうか。どんなことにストレスを感じているでしょうか。この調査結果には他に「人間関係」「将来への不安」「健康問題」「お金のこと」なども挙げられています。

ストレスの要因をどこに見出すかということは大切なことです。それによって私たちの行動が変わってくるからです。例えば「職場でストレスを感じる」人がその要因を自分の外側に見出すならば、「仕事量が多すぎる」、「上司が悪い」、「会社が悪い」と考えます。ストレスの要因を自分の内側に見出すならば、「できない自分が悪い」、「自分は要領が悪く、人に迷惑をかけている」と考えます。そして、それぞれに踏み出す次の一歩が変わってくるのです。

しかし私たちクリスチャンは、ストレスの要因を自分の内外に見出すだけでは十分ではありません。もう一つの視点を持つ必要があります。「神様がこの状況を私にゆるされた」という視点です。

パウロは肉体のとげ（おそらく何らかの病気、または弱さ）を与えられ、それがストレスとなっていました。そこでパウロは「これを取り去ってください」と三度神様に祈りましたが、それは取り去られませんでした。その後パウロはこのように書き記しています。

「しかし主は、『わたしの恵みはあなたに十分である。わたしの力は弱さのうちに完全に現れるからである』と言われました。ですから私は、キリストの力が私をおおうために、むしろ大いに喜んで自分の弱さを誇りましょう。」（Ⅱコリント12・9）

神様から祈りの答えをいただいたとき、それが本来願っていたことでなくても、パウロはそれを喜びました。弱さを抱えた自分を通して神が働かれることを知ったからです。

ここに、ストレスのかかる状態にどう向き合えばよいのかの示唆が与えられています。神と交わり、神の語りかけを受けるとき、私たちはストレスを全く別の角度から見て受け止めることができるようになるのです。どのような状況の中でも真実な神に目を留め、神の御声に耳を傾けるようにしましょう。

［※付記：過労死などにつながる過度のストレス状態は危険です。自分一人で対処できないと感じた時は、信頼できる人に相談しましょう。また、過度のストレスにより、自ら対処したり相談したりできない状況に陥ってしまった場合は周りからの助けが必要です。

自分のストレスについて神様から助けや解決が与えられたら、周りにも目を向けて、助けを必要としている人がいないか、神様に聴きましょう。そしてそのような人を見つけたら、神様がその人を助けてくださるようにとりなしつつ、その人に声をかけるなど、示されることを行いましょう。そのような愛の関係を通しても、神様は働いてくださいます。」

クリスチャンはストレスの要因を自分の内外に見出すだけでは十分ではありません。もう一つの視点を持つ必要があります。「神様がこの状況を私にゆるされた」という視点です。

ぶつかったら遠くを見よう

毎週、主の祈りで祈っているように、「みこころが天で行われるように、地でも行われること」は神様のみこころです。天は神様が主権をもって治めておられる場所ですので、神様のみこころが100パーセント成し遂げられます。神様が造られた地上は、人が神に背いたため、罪が支配する世界となってしまいました。その中で神の子どもとして生かされている私たちに、イエス様は地上でも神のみこころが行われるように祈りなさいと教えられたのです。もし神のみこころが地上で行われるとするならば、そこは天国の出張所のような場所となります。

イエス様は、あるときパリサイ人たちの質問に答えてこう言われました。

「……見なさい。神の国はあなたがたのただ中にあるのです。」（ルカ17・21b）

私たちが神の子どもとして地上でみこころを行うのならば、そこにすでに神の国は来ているというのです。これはなにもイエス様がおられた時代に限ったことではありません。現代に生きる私たちにも、神のみこころを行うこと、私たちが遣わされる場所に神のみこころが100パーセント成し遂げられて、神の御国のようになることを神様は願っておられます。

しかし教会が成長し、人数が増えてくると、人とぶつかることも出てきます。神の国を広げるためにと願っている者同士でありながら、分かり合えないことも出てきます。そんなとき、私は次のみことばをお勧めします。

「何事も利己的な思いや虚栄からするのではなく、へりくだって、互いに人を自分よりすぐれた者と思いなさい。それぞれ、自分のことだけでなく、ほかの人のことも顧みなさい。」（ピリピ2・3、4）

まず相手に対する「尊敬の思い」がなければ、私たちは一致することはできません。あなたと意見の合わない人がいたら、その人を神によって創造された人、イエス様がいのちを投げ出すほどに価値ある人、という視点をもって相手を見るようにしましょう。

それでも意見の相違からぶつかってしまったときは、近くの目標ではなく、なるべく遠くの目標を見ましょう。

例えば図のようにAさん、Bさんがいて、それぞれAやBのポイントについて一致を求めても、お互いの視野に入らないことですので一致できません。しかしCのポイントまでお互いの視点をずらしていくと、一致することができます。

そしてクリスチャンであるならば、「神様のためにしている」というところまで視点を広げていくと、大抵のクリスチャンは一致できるはずです。「目先の目標は違っても、お互いに神様のために頑張れているよね」と理解することができます。

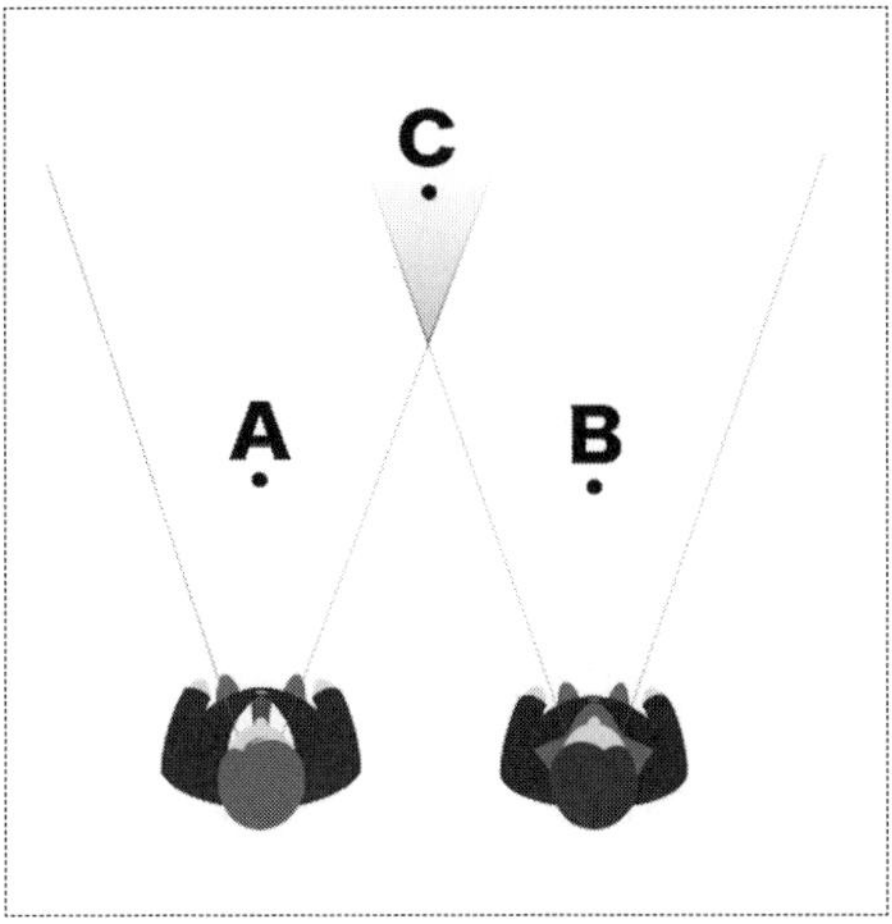

そのようにしてお互いが認め合い、分かち合えるならば、そこに神の国が来るのです。ですから、あなたが誰かとぶつかったとき、なるべく遠くの一致できる目標に目を向けるようにしましょう。

第2章 信仰を深めるために

神に用いられる器

みなさんは、「神に用いられた器」と、聞くとどのような人物を思い浮かべるでしょうか。

聖書の中で言うと、ノア、アブラハム、モーセ、ダビデ、ペテロ、パウロという辺りの名前が出てくるのではないでしょうか。歴史の中での信仰の偉人というと、キング牧師やシュバイツァー博士、マザーテレサ、内村鑑三、ジョージ・ミュラーなどでしょうか。

私が好きな「神に用いられた器」の一人に、ギデオンがいます。ギデオンは決して初めから勇敢な人物ではありませんでした。彼はたびたび襲ってくるミデヤン人から逃れて隠れて生活しているような人物でした。ある時、神様はギデオンに言いました「勇士よ。主があなたといっしょにおられる。…あなたのその力で行き、イスラエルをミデヤン人の手から救え。」（士師記6・12、14＊）。神様から声をかけられたギデオンは、その後、立ち上がりイスラエルを救い出していきます。

ある程度、信仰歴のある方だと、信仰の模範としている人が聖書の中にいるのではと思います。では、次にこんな質問をしてみたいと思います。

みなさんは「神に用いられる器」に、なりたいでしょうか？

躊躇なく「はい」と答えられた人は素晴らしいと思います。しかし、多くの人が「私が？」「神に用いられる器に？」と、頭に「？」マークがいくつか浮かんでくるのではないかと思います。私たちは「神に用いられる器」と聞くと、何か大きなことを成し遂げる人とか、神に大きな試練を与えられるが信仰によって乗り越える人とか、神に特別に選ばれている人なんかを想像して、「いや、私にはできない」と思うのではないでしょうか？

しかし先述したギデオンは、決して初めからそのような人物ではありませんでした。むしろ現状に問題があっても、それを甘んじて受け入れている人物でした。勇気のないギデオンに神様は、「勇士よ」と声をかけられたのです。そして「あなたのその力で行きなさい」と言われました。

神様は、ギデオンに何か特別な力を与えたわけではありませんでした。「あなたにすでに与えた、その力で行ってイスラエル人を救い出しなさい。」と言われたのです。神様は、その人のそれまでの実績だとか、能力テストとかでその人を判断し、それをクリアした人に御声をかけられるのではないのです。

エリヤという信仰の偉人も、アハブ王とその妻イゼベルに苦しめられたときに「主よ。もう十分です。私のいのちを取ってください。私は先祖たちにまさっていませんから。」（I列王記19・4＊）と祈りました。

冒頭に挙げた神に用いられた人、ノアも酔っぱらって息子に罪を犯させてしまいました。アブラハムも妻を妹と言って寝取られそうになりました。モーセもダビデもペテロもパウロもみんな弱さがあり、失敗しています。きっと自分が先祖たちに勝った信仰の偉人で、神に特別に用いられていると感じていた人は一人もいないでしょう。

神様が、私にご計画してくださっている人生の計画のすべてを見せられたら、きっと私は、「自分の事ではない」「自分には力不足だ」「できない」と、感じるのではないかと思います。しかし、そんな時に、ギデオンに語られた言葉が響いてくるのです。「あなたのその力で行きなさい」と。

では「神に用いられる器」というのは、いったいどのような人のことをいうのでしょうか。神に用いられる人というのは、言い換えてみれば神に必要とされている人だといえます。

神に必要とされている人というのは、私たち一人ひとりがキリストのからだの一部であるという事を考えれば、救われてキリストのからだの一部となった人、全員のことではないでしょうか。

神に用いられる器になりたい人というのは、キリストのからだの機能を果たしたい人と言い換えることができます。とすると、これはもはや「なりたい」「なりたくない」とか、「果たしたい」「果たしたくない」というレベルの問題ではなく、からだの器官の一つである以上、果たすべき役割があり、すでに私たちにその力は備わっていて、果たさなければ体が正常に機能しないということになってしまいます。

神に用いられる器になるというのは、何か立派な仕事をキリストのためにやり遂げるとか、より多くの人を救いに導くだとか、そういうことではなく、キリストのからだの一部としての働きを成し遂げることではないでしょうか。そしてそのために必要なのは一人ひとりがイエス・キリストを救い主として心に迎え入れて、キリストのからだの一部であると認識することです。ピレモンのもとから逃げ出したオネシモを、再びピレモンの下へと送り返すときに、パウロが言った一言が印象的です。

「彼は、前にはあなたにとって役に立たない者でしたが、今は、あなたにとっても私に

とっても、役に立つ者となっています。」（ピレモンへの手紙11＊）
以前は役に立たなかった者が、キリストに出会って役に立つ者に変えられた。神に出会った一人ひとりが、神に用いられる器なのです。

しかし、神が用いることができない人たちがいます。
マタイの福音書25章14節から30節をみると、イエス様が御国を、タラントを預けたしもべのたとえ話で語られています。ここから見ると、天での評価は一つだと分かります。それは主人の心に「忠実」かどうかという事です。5タラント儲けたしもべも、2タラント儲けたしもべも共に「忠実」であったことがほめられていることに注目しましょう。そして1タラントを地中に隠したしもべは、悪いなまけ者のしもべとして裁かれています。
つまり、私たちも神が置かれた所で、「忠実」に神に聞き従うことが大切なのです。私たちの父なる神が完全なので、私たちはその計画に何を付け加えることも、引くこともしないでよいのです。神の心に忠実でない人を神様は用いることはできません。

「主人の心を知りながら、その思いどおりに用意もせず、働きもしなかったしもべは、ひどくむち打たれます。」（ルカ12・47＊）

この「毎日のみことば」を、忠実にしているみなさんは、デボーションを続け、みことばを意識して一日を過ごし、語られたみことばを兄弟姉妹と分かち合っていくことによって、やがて神様の御声を聞き分けることができるようになってきます。

神の御声を聞き分けることができたならば、信仰の次の段階にステップアップすることでしょう。それは、語られたみことばに従うということです。イエス様は弟子たちの足を洗い、その愛を余すところなく示されてから彼らに言いました。

「あなたがたがこれらのことを知っているのなら、それを行うときに、あなたがたは祝福されるのです。」（ヨハネ13・17＊）

語られたみことばを実行に移す時に邪魔をするものがあります。それが自我であり、肉の思いです。この自我が、なんとしても砕かれなければ、神に用いられる器になることはできません。ヤコブは、この自我が砕かれるために一晩中、神様と格闘しました（創世記32・24－32参照）。

私たちの自我を打ち砕くことができるのは、神様ただお一人です。ですから、私たちは、神に従うことを妨げる自分の内側の自我に気づいたら、神の前に真剣に出るようにしましょう。神はあなたが求めるならば、必ずあなたの自我を砕き、あなたを神に用いられる器へと造り変えてくださいます。

私のオフィスの机の横には、一枚の祈りが書かれた紙が貼られています。

この祈りを、いつも見るたびに祈っています。みなさんもよければ、自分の職業に当てはめて祈ってみてください。

～ある牧師の祈り～

有能な牧師は多くいる
へりくだった牧師もいる
しかし神が用いられるのは
　砕かれた牧師なのだ
自我は自分の最も強い部分
握りしめている性質
それを喜んで手放し
進んで砕かれた者になる
神よ　私を砕いてあなたのものとしてください

赦しのちから

「だってクリスマスは、人を赦す日じゃないか!!」

毎年クリスマスが近づいてくると、このフレーズが思い出されます。ディケンズ作の『クリスマスキャロル』でのセリフです。人を赦すことを知らない「守銭奴」スクルージに対して、ボブ・クラチットの息子ティムが発するセリフです。私たちの教会では、２００４年と２００７年に栄公会堂で上演しました。

なぜ「クリスマスは人を赦す日」なのでしょうか。

それは私たちの罪を赦すために、神のひとり子イエス・キリストがお生まれになったことを祝う日だからです。イエス・キリストは、罪を犯して滅ぶべき存在となった私たちを救うために、すべての人の罪を背負い、身代わりとして十字架の上で神から裁かれたのです。

もし、神が罪を犯した人をそのまま受け入れたのなら、神が不正をしたことになります。もちろん神は正しいお方ですから、そんなことはできません。かといって罪を犯した人を、すべて裁くとなったら誰一人として神の前に立ちおおせる者はいません。それも愛なる神としては耐えられない痛みです。ですから、神は唯一正しいイエス・キリストを犠牲にして、人類に対して罪の赦しの道を開かれたのです。

みなさん少し時間をとって、「赦しのない世界」を想像してみてください。どんな小さな間違いも赦されない世界です。とても殺伐とした世界になるのではないでしょうか。犯した間違いは、どんなに小さくても必ず償わなければいけないのです。人々の愛は冷たくなることでしょう。そして人は自分の間違いを隠そうと必死になり、他人を信用しなくなるかもしれません。

そう考えると、「赦される」という出来事は、なんと人の心に安心を与えることでしょうか。

私たちがまず赦される経験をするのは、両親や家族からではないでしょうか。子ども時代に無条件で赦される経験をした人は、人を信用できる大人になります。残念ながら、そうでない子ども時代を過ごした人もいます。そのような経験をした人は、他人に心を開くことに困難を覚えます。

「赦し」は、人に安心、そして平安をもたらします。今、この記事を読んでいるあなたの心は安心していますか？　心に平安はあるでしょうか？

人から赦されたという経験がなくても大丈夫です。あなたも神の赦しを受けることができます。そしてその経験は、すべてに勝るものです。イエス様は今も、みもとに来る者に、こう宣言してくださいます「子よ。しっかりしなさい。あなたの罪は赦された。」（マタイ9・2）と。あなたの罪がどんなに大きくても、イエス様の十字架で赦せない罪はありません。イエス様の十字架はそれほどまでに大きいのです。

さらにイエス様は、言われました。「だから、わたしは『この女の多くの罪は赦されている』と言います。それは彼女がよけい愛したからです。しかし少ししか赦されない者は、少ししか愛しません。」（ルカ7・47＊）

私たちは安心して神様の前に自分の罪を認めましょう。そして神様をたくさん愛していきましょう。

イエス様は、あなたを赦すために来られたのです。ハレルヤ!!

「赦し」は、人に安心、そして平安をもたらします。

祈りのちから

ある日、一人の壮年が私のところにやって来て「私は悔い改めました。もう大丈夫です。すべてOKです」と言われました。この壮年は一緒に働いていた人に戦いを覚え、自分が辞めるか、相手が辞めるかというところまで考えていたのでした。何があったのか聞くと、前日に、ある映画を観て、涙が止まらなくなったというのです。そして問題は相手にではなく自分の内側にこそあるのだと示され、悔い改めることができたと言われました。『祈りの力』というその映画は、アメリカで制作され、原題は『WAR ROOM（戦いの部屋）』です。離婚寸前の家庭の主婦が熱心なクリスチャン女性と出会い、祈りを教えられ、祈りの力を体験するという内容です。私はその壮年のために祈っていたので、祈りが応えられたのを知り、神をほめたたえました。

またあるとき、私の未信者の友人がアメリカを旅行して、マンハッタン五番街のセントパトリック大聖堂に行ったそうです。「外の喧騒から壁一つ挟んだ礼拝堂にもかかわらず、静寂に包まれ、とても厳かな気持ちにさせられました。周りを見ると人々が神に祈りをささげていました。そして、私も自然に神の前に祈ってみようと思ったのです。あの雰囲気は何でしょうかね？」と聞いてこられました。

祈りがささげられている空間には神様もそこに居てくださいます。（マタイ18・19、20参照）

祈りには力があります。未信者でも祈りの力の一部は体験できるかもしれませんが、祈りの真の力を体験できるのはクリスチャンに与えられた特権です。しかし多くのクリスチャンは、その力を自分のものとしていません。そのような特権が与えられていることにすら気づいていない人も多いのです。祈りは神様とあなたのホットラインです。あなたがイエス・キリストの御名によって祈るとき、神様は必ずその祈りを聞き、現状を変えてくださいます。

祈りについて、いくつか大切な事柄を押さえておきましょう。

①祈りは会話です

祈りは神様との会話です。ですから、心を神様に向けることが必要です。そしてみことばを通して語られる神の御声に耳を傾けるのです。ただ自分の願い事だけを一方的に祈るのではありません。ガヤガヤした通勤電車の中でも祈れますが、一日に一回は神様とあなた以外のものは何も置かない中で、じっくりと神様と対話するように祈ってみましょう。

②祈りは神の力を引き出します

イエス様は、十字架を前にしてゲツセマネの園で祈られました。それは未だかつて誰も経験したことのない大きな大きな戦いでした。その戦いを前にしてイエス様はもだえ苦しみながら祈られたのです。そのとき「御使いが天からイエスに現れて、イエスを力づけ（ルカ22・43＊）」ました。神様は、祈る者に具体的な助けを備えてくださるお方です。試練があなたを襲うときでも、それを乗り越える力、助けが与えられるように祈っていきましょう。

③祈りは祝福をもたらします

ヨハネの福音書17章には、イエス様のとりなしの祈りが記されています。イエス様はいまも神の右の座につき、このように私たちのためにとりなしてくださっています。ですから、私たちも人々の祝福のためにとりなし祈るのです。自分のためだけでなく、家族のため、友人のため、教会のため、人々のため、そして迫害する者のためにも祈り、祝福をもたらす祈りの勇士となっていきましょう。

夢と幻を語ろう！

「神は言われる。終わりの日に、わたしの霊をすべての人に注ぐ。すると、あなたがたの息子や娘は預言し、青年は幻を見、老人は夢を見る。」（使徒２・17＊）

みなさんは夢やビジョンがありますか？
その夢やビジョンは、誰のためのものですか？　それが実現したら、あなたやあなたの周りはどのように変わりますか？

今の時代、若者は、「年金を納めても自分たちが貰える頃にはどうなっているか分からない」と嘆いたり、高齢者は、「長寿世界一とはいっても、結局は死ぬだけだ」とため息交じりの言葉を漏らしたりしてしまうことがあります。子どもの頃は無邪気に夢を語っていたのに、いつの頃からか現実がどのようなものか分かるようになって、夢を諦めてしまう。そして、段々と計算できる範囲でしか物事を考えなくなっていく。そんなことがあるのかもしれません。

しかし神様は、どんなに若くても、どんなに年齢を重ねていても、「青年は幻を見、老人は夢を見る」と言われています。そして大切なのは、前半の「わたしの霊をすべての人に注ぐ。すると、」という箇所です。ただ単に自分勝手な幻や夢を持つのではなく、それは「わたしの霊」、すなわち聖霊によって幻や夢が与えられるというのです。

「幻」、「夢」。これは将来に向けての神のみこころを指しています。つまり神様は、年齢や社会的な立場に関係なく、神様のみこころをすべての人に与えておられるということです。神様のみこころですから、自分一人の祝福で終わるはずがありません。それが成し遂げられれば、必ずあなたから始まって周りの人々が祝福されるのです。

さあ、あなたに与えられた神様からのビジョンは何でしょうか？

それがまだ分からないという人は、「神様、私に与えておられる幻を、夢を知らせてください」と、祈ってみてください。すでに与えられている人は、そのビジョンを他の人に語ってください。それを自分の内だけにしまっておくのはよくありません。なぜなら神様から与えられたビジョンは、一人で達成できるものではないからです。もし一人で成し遂げられたなら、その栄光は人のものになってしまうかもしれません。しかし神様は、私たちがお互いに助け合うように、敢えて弱さを与えておられます。そしてあなたの周りには、あなたの弱さを補う仲間も与えておられます。それが神様の方法なのです。

さあ、あなたに与えられたビジョンの実現のために、あなたの近くに置かれた人が思い当たりましたか？　あなたは、その仲間と祈り合うときを持っているでしょうか？　ビジョンを語り合い、祈り合うときは大切です。肉と肉とはぶつかります。しかしお互いの内に住まわれる霊が交わるなら、一つとなれます。なぜなら御霊は元々一つだからです。夢を、幻を、語り合いましょう。そして互いに祈り合い、私たちが信じている神様がどれほど素晴らしいお方か、周りの人たちが体験できるようにしましょう。

あなたの周りには、あなたの弱さを補う仲間も与えられています。それが神様の方法なのです。

今がどのようなときか

人生において新しいステージに踏み出す、そのようなときは誰しもが経験します。自分と同じ人生を歩む人は一人もいないように、私たちはそれぞれの時を生きています。しかし同時に私たちは皆一つの大きな時の流れの中で生かされています。

ギリシャ語の「時」を表す言葉には、「クロノス」と「カイロス」の二つがあります。「クロノス」は一般的に流れていく時間のことをいい、「カイロス」は定められた瞬間の「時」を表します。

神は永遠に存在されるお方であり、時間に支配されているお方ではありません。むしろ時間は神によって造られました。神がこの天地を造られた時に、時間の流れも生み出されたのです。そして私たち被創造物は、その時間の制限の中に置かれています。そんなクロノスの時の流れの中に生きている私たちに、神はカイロスの瞬間を定め、介入されることがあります。

有史以来、最も大きなカイロスの瞬間は、救い主イエス様の誕生の瞬間でしょう。時間の外に存在される神が、時間の制約の中に身を置かれたのです。またイエス様ご自身もこの地上におられた時、「わたしのときはまだきていません」とか、「時が満ちて…」と言われており、このカイロスの時を意識して行動されていたことが分かります。

さらにイエス様は、「しるしをみせろ」というパリサイ人たちに対して「あなたがたは…そんなによく、空模様の見分け方を知っていながら、なぜ時のしるしを見分けることができないのですか。」（マタイ16・2、3＊）と語っておられます。イエス様は人々にも今がどのような時か見極めるように語っておられるのです。

今がどのような時かを知れば、やるべきことが分かります。春になってから冬物を出してくる人や、冬に種まきをする人はいないでしょう。聖書では、いまはどのような時と言っているでしょうか。

「あなたがたは、今がどのような時か知っているのですから、このように行いなさい。あなたがたが眠りからさめるべき時刻がもう来ています。というのは、私たちが信じたころよりも、今は救いが私たちにもっと近づいているからです。」（ローマ13・11＊）

聖書には、はっきりと私たちが眠りからさめる時がきていると書かれています。寝ていては神の語りかけを聞くこともできないし、行動することもできません。起きて神の声を聞いて行動する時だというのです。

そして聖書は、今がどのような時であってもなすべき一つのことがあると教えています。

「みことばを宣べ伝えなさい。時が良くても悪くてもしっかりやりなさい。」（Ⅱテモテ4・2より抜粋＊）

私たちはどんな時でも変わることのないみことばを宣べ伝えるために召されています。

みことばは、時間の制限を超えたところにおられる神様のことばです。だから時間によって移り変わったり、揺れ動いたりすることはありません。永遠に信頼できる神のことばなのです。あなたがどこに遣わされても、今はみことばを語るときです。このみことばを確信をもって宣べ伝えていきましょう。

実行力を身につける

今、あなたの手元に何かの「種」があったとします。それが何の種か、調べてみても分かりません。花の種なのか、野菜の種なのか、ひょっとすると新種の種かもしれません。現在、世界には分かっているだけで30万種以上の植物があるそうです。

あなたは、その種をどうしますか？　種をいつまでも眺めて、どんな花が咲くだろう、どんな実がなるだろう、と想像ばかりしていても、答えは出ません。あなたがその種を蒔いて、実際に育ててみない限り、答えは出ないのです。

クリスチャンは信仰の世界に生きています。信仰の世界には、行動してみないと分からないことがたくさんあるのです。次に起こることが分かっているのなら、信仰は必要ありません。

「みことばを行う人になりなさい。自分を欺いて、ただ聞くだけの者となってはいけません。」（ヤコブ1・22）

聖書は私たちに、みことばを「聞くだけの者」から、「行う人」になるように勧めています。なぜなら、神様はみことばを通して私たちの人生に関わってくださろうとしておられるからです。そのためには、みことばを信仰をもって「行う人」とならなければいけません。ですから、私たちは「実行力」を身につけましょう。そしてデボーションや礼拝で語られるみことばを実行していきましょう。そうすることによって、あなたの人生に主が働いてくださいます。

みことばを聞くだけで行わない人のことを「自分を欺いて」いると聖書は教えます。私たちの古い人は十字架とともに死にました。今は十字架によって罪が赦され、聖霊が内に注がれ、新しい人として生かされているのです。そして私たちの内側に住んでくださっている御霊は、神のみことばを行いたいと願っているのです。

神のみことばを行う者となりましょう。そのために、私が実践していることを書き記しておきます。

・**シミュレーションしてみる**……「このみことばを実行したら、自分の生活はどう変わるだろうか。その結果、どのような実を結ぶだろうか」ということをなるべく具体的に考えてみるのです。今日一日の生活に与えられたみことばを当てはめて生活している自分を思い描き、シミュレーションしてみてはいかがでしょう。

・**口に出す**……思いが言葉になるとき、そしてその言葉が人に届くとき、言葉は力を持ちます。語られたみことばを自分の思いの中で留めておくのではなく、言葉にするとき実行力は上がります。実行力とは、要は一歩踏み出す「行動力」です。自転車をこぎ出すとき、初めの一歩には力が必要です。みことばを実行するとき、口に出して告白することは、大きな力になります。

・**時間を再配分する**……一日の時間は限られています。みことばを実行するために、何かをやめなければいけないかもしれません。あるいは新たな意味づけをする必要があるかもしれません。例えば、みことばを読むために15分早く起きるとか、食器洗いをしながら讃美をささげるなど、与えられている時間を見直して工夫する必要もあるでしょう。

一人ひとりがみことばの実行力を持つことができ、素晴らしいみことばの種を育て、実り豊かな人生を送ることができるようにお祈りいたします。

みことばに立つ

神様が私たちを祝福してくださるというとき、単に私たちの願い事を叶えてくださるということではありません。それでは私たちが必要な時にだけ神様を思い出し、神を利用することになってしまうからです。私たちは神に造られた者として神を基準に歩む必要があります。神様は私たち一人ひとりの祝福を願い、ご自分のひとり子さえ与えられたのです。

私たちは自分の感情を基準にして歩んでいたら、神の祝福を逃してしまいます。どんな時でも揺り動かされることなく、神の祝福を受け取るためには、みことばに立つ必要があります。私たちの感情は揺れ動きますが、みことばはいつまでも変わらないからです。

教会では、毎年教会として立つべきみことばを祈りの中で決めさせていただいています。今年（2020年）、教会に与えられたみことばはエペソ人への手紙2章17―19節です。

「また、キリストは来て、遠くにいたあなたがたに平和を、また近くにいた人々にも平和を、福音として伝えられました。このキリストを通して、私たち二つのものが、一つの御霊によって御父に近づくことができるのです。こういうわけで、あなたがたは、もはや他国人でも寄留者でもなく、聖徒たちと同じ国の民であり、神の家族なのです。」

このみことばの、「平和」という言葉と「神の家族」という言葉に目が留まります。人類の最大の不幸は、神様との関係が断たれたことにあります。人は罪の故に、神と平和な関係を築けなくなったのです。しかし最高のニュースは、「神の側から犠牲を払い、神との関係を回復できるようにしてくださった」ということです。

平和な関係を持つということは、とても大切なことです。夫婦関係、家族関係、あらゆる人間関係が平和ならば、どんなに素晴らしいことでしょうか。国同士でも平和な関係を持つことができるならば、互いに繁栄していくことができるでしょう。ましてや尽きることのない祝福の宝庫である神の国と平和な関係を築けるならば、それはどれだけ私たちの生活を豊かに潤すことでしょうか。

神との平和は、神と私の個人的な関係だけに留まりません。イエス・キリストの十字架の赦しを信じたあなたには、聖霊が注がれています。聖霊は唯一なるお方です。このお方を通して神との平和に入れられたすべての人が「神の家族」として、一つの大きな家族関係に入れられるというのです。この「家族」には平和と調和があります。なぜなら三位一体の神の交わりに属しているからです。私たちは、「キリストを通して、御霊によって」この交わりに加えられたのです。神の家族として、お互いに祈り合い、励まし合い、助け合って成長していきたいものです。

「家族関係の回復」が、これからの日本のリバイバルの一つの大きなカギとなってきます。教会としても祈りつつ取り組んでいくべき課題です。

皆さんも今年それぞれ、みことばに立って祝福を受け取っていきましょう。

神様サイズの夢を語ろう

「神は言われる。終わりの日に、わたしはすべての人にわたしの霊を注ぐ。あなたがたの息子や娘は預言し、青年は幻を見、老人は夢を見る。」（使徒の働き２・17）

いまは恵みの時代です。イエス様の十字架による救いの業が完了し、聖霊が一人ひとりの心に注がれ、神の恵みが高らかに宣言される時代です。その上、私たちの国では、信教の自由が認められ、宣教する自由も与えられています。これも日本に生きる私たちに与えられた大きな恵みです。

先日、日本の平均年齢を知りました。平均寿命ではなく、平均年齢です。日本国民の現在の平均年齢は48・36才で、世界第1位の平均年齢の高さだそうです。日本は、１９７０年代まで平均年齢20代を維持していましたが、その後は右肩上がりで高くなっています。戦争もなく、医学も発達していることから平均寿命が延びているのですが、平均年齢の高さの大きな要因は少子化のようです。

少し視点を変えて、平均年齢の高い日本は、世界から見ると〝長老〟的な存在になるのかもしれません。

長老には、長老としての役割があるのではないかと思います。その経験から次世代が知るべきことを伝え、若者たちもその意見に耳を傾けるというのが理想でしょう。しかし、日本は国益を越えたところで世界の長期的な観点に立っての発言をしているでしょうか。また日本の世界に対する発言は、どこまで尊重されているのでしょうか。


江戸時代の太宰春台《だざいしゅんだい》という学者が、このような話を書き残しています。

あるとき老人が松の苗木を植えていました。そこに通りかかった君主が、老人に年齢を尋ねました。すると、老人は「85になります」と答えました。すると君主は笑って、こう言いました。「その松が立派な木材になっても自分では使えないだろうに」。すると老人は君主に言います、「私は自分のためではなく、子孫のために植えているのです」と。

目先の利益を追い求めるなら、たとえある時期、成功しても、その繁栄は長続きしないでしょう。世界1位の平均年齢の日本としては、「次の世代のために何をしたらよいのか」という視点に立って行動し、世界に対して良き模範を示す立場なのではないかと思います。

冒頭のみことばに戻ります。世界1位の平均年齢の日本の中で、さらに高齢化が叫ばれている日本の教会です。日本の多くの教会が「いかに教会を閉じるか」を真剣に話し合っているそうです。そのことを知った上で、私はなお「神様にあって夢を見よう！」と言いたいのです。「自分はもう責任を持てないから」とか、「どうせ今までも変わらなかったから」というのではなく、最後の最後まで、神様の祝福が注がれた日本の姿を夢見て、宣言していきたいのです。「日本には必ずリバイバルが起こされ祝福が注がれる。そして世界を祝福する国になる！」と。

その宣言こそが、子孫の祝福に繋がります。私たちには、まだやれることが残されています。「負の連鎖」は、私たちの世代で断ち切られます。ともに神様サイズの夢を見て、この国の祝福を宣言していきましょう。そこから祝福の連鎖が始まっていきます。

最後の最後まで、神様の祝福が注がれた日本の姿を夢見て、宣言していきたいのです。「日本には必ずリバイバルが起こされ祝福が注がれる。そして世界を祝福する国になる！」と。

イエス様と食事

「見よ。なんという幸せ　なんという楽しさだろう。兄弟たちが一つになって　ともに生きることは。」（詩篇133・1）

新型コロナウィルス感染予防のため、新しい生活様式が提唱されています。その中で、食事をする際には、対面を避けて横並びでするように、また食事中は料理に集中して、おしゃべりは控えめにするように勧められています。外食での楽しみは、単に料理の美味しさというだけでなく、日常から離れた雰囲気であったり、そこにいる人たちとのお喋りであったりしますが、新型コロナウィルスのため、しばらくはおあずけのようです。

たとえば教会のユーススタッフというのは、若者と「食べて、話して、祈り合う」ことが奉仕みたいなところがありますので、新しいフォローの仕方を考えなくてはいけません。このようなことまで制限される時代がやってくるとは思ってもみませんでした。

しかし逆にこのような時にこそ、「食卓を囲む」意味について考えてみたいと思います。

NHKの調査では、「家族だと感じる時はどんな時か？」という質問に、76パーセントの人が「自宅で食事をしているとき」と答えたそうです。しかし現実には、長時間労働や高齢化による単身世帯の増加のため孤食をする人が増えてきているそうです。特に今、60代以上の単身の高齢者の67パーセントで、孤食が常態化しています。コロナ禍ではありますが、食卓を囲む交わりの大切さを、改めて心に留めておきましょう。

よみがえられたイエス様も弟子たちのために食事の場を用意されました。

「こうして彼らが陸地に上がると、そこには炭火がおこされていて、その上には魚があり、またパンがあるのが見えた。」（ヨハネ21・9）

一晩中、漁をした弟子たちのためにイエス様が食事の用意をして待っておられたのです。弟子たちはどんなに喜んだことでしょうか。

しかしここで一つの疑問が湧きました。「イエス様はこの魚とパンをどこから手に入れたのか？」

「イエス様は神の子だから、奇跡を起こして魚とパンを取りだしたんだ」ということもできますが、ここではイエス様が、弟子たちを労う優しい情景が描き出されていますので、そうではなく、イエス様自らが用意されたのではないかと思うのです。パンを作るのは大変でしょうから買ってきたとして、ひょっとして魚はご自身で釣ったのかもしれません。そうすると餌は何を使ったのだろうか。釣り竿は近くに置いていたのだろうか。釣れなくて急いで買いに行った、なんてことはあるのだろうか。このように考えると楽しくなってきます。

この記事以外にも、福音書にはずいぶん食事に関わる記事が出てきます。５０００人の給食の奇跡や、安息日に穂を摘んで食べた弟子たちを擁護してくださったイエス様、最後の晩餐の出来事などです。

食事は、生きるために食べるということ以外に、ともに食べる人との交わりや親密さを表すものでもあります。イエス様も「ともに食べる」時間を大切にされました。今は状況が許しませんが、いずれ信仰の家族が、分け隔てなく食卓を囲むことができるようになることを願っています。

人となられたイエス様

ある子育てに関する国際アンケートの、「親として子どもに強く期待することは何ですか？」という項目の結果から、興味深いことが読み取れます。フランスでは1番が「親のいうことを素直に聞く（80・1パーセント）」ことだったそうです。「親のいうことを素直に聞く」という項目は、アメリカでも2番で75・2パーセントでした。しかし日本では6番で29・6パーセントでした。

いま日本では、できるだけ子どもの自由を尊重する親でありたいと願う保護者が増加傾向にあるそうで、別のアンケートでは、8割を超える母親が「子どもと何でも話し合える友だちのような関係」を望んでいることが分かりました。

親が自分の子どもに対して「親のいうことを素直に聞く」ことを望む背景には、「子どもの幸せを一番に願って、子どもに正しい道を示してあげるのは親である」という想いがあるのだと思います。そこには親としての責任と自負が感じられます。

日本の親が「親のいうことを素直に聞く」ことよりも、むしろ友だち感覚で何でも話し合える親子関係を求めているというのは、子どもの自由を尊重したいという願いとともに、親の在り方や、親としてのアイデンティティが変わってきているからなのかもしれません。

「子どもの自主性を重んじる」、「友だち感覚の親子関係」という言葉の背後で、「親」と「友だち」の間に本来あるはずの線引きなり、ボーダーラインなりが薄れてきているのだとしたら、「親の言葉」が軽くなってしまう危険性もあります。かつては権威が伴っていた親の言葉も、友だちからのアドバイスと同じ程度に捉えられてしまうことにもなりかねません。

一方で、神様のことばには権威が伴っています。みことばにこのようにあります。

「わたしの口から出るわたしのことばも、わたしのところに、空しく帰って来ることはない。」（イザヤ55・11）

神様が一度「ことば」を発せられたのなら、すべての物質も法則も従い、そのとおりになります。実際にイエス様のことばによって、この世界は造られたと聖書は教えています。しかしイエス様は、権威者として私たちの前に現れたのではなく、友となってくださったのです。

けれども、それは私たちがイエス様のことばを軽く聞いていいということにはなりません。

イエス様は創造主であり、私たちは造られた者だからです。ですからイエス様と何でも話せる友だちのような関係を築きつつ、同時にイエス様のことばをしっかりと受け止めて実行する者となることが理想でしょう。あなたはどれほどイエス様を親しい交わりを築き上げているでしょうか。

クリスマスは、イエス様がこの地上に生まれてくださったことを覚えるための日です。

「神の豊かさ」を経験する

私たちは日々、様々な関係の中に生きています。家族関係、夫婦関係、職場の同僚との関係、取引先との関係、地域の自治会や趣味のサークルでの人間関係など様々です。

仕事や学校などでは、利害関係や上下関係で動くこともあるでしょう。また昔からの知り合いなどの場合には信頼関係で動くこともあるでしょう。中には、対立関係にある人と緊張感をもって行動しなければいけない場面もあります。

世の中には様々な関係がある中で、最も強い関係は血縁関係でしょう。これは切ろうと思っても切れるものではありませんし、「血は水よりも濃い」と言って古今東西、多くの権力者は自分の跡継ぎを、血を分けた子どもの中から選んできたものです。

しかし聖書では、その血縁関係を生み出す婚姻関係こそ最も聖なる関係だと教えています。

この婚姻関係は神様の前における誓約によって成立します。最近はクリスチャンカップルでも婚姻届を出すだけで結婚生活に入る人も増えてきているように思いますが、やはり神様の前での誓約を大切にしてほしいと思います。

婚姻関係に入るときに聖書は大切なことを教えています。

「それゆえ、男は父と母を離れ、その妻と結ばれ、ふたりは一体となるのである。」（創世記２・24）

結婚するときに父と母を離れなさいと教えているのです。これは両親をないがしろにしなさいということではなく、結婚する者は、子どもの立場を離れて、新たな血縁関係を生み出す夫婦の関係に入るということを意味しています。このことを理解しないで夫婦関係に子どもの立場のまま入ると、途端に夫婦関係に緊張が走るのです。自分の父親・母親にしてもらったこと、してもらえなかったことを、それぞれ夫・妻に求めるのです。お互い要求しあうのでは夫婦関係もうまくいきません。

夫婦関係に限らず、私たちのすべての関係は、神様との関係に基づいています。神様は、人を神様と関係を持つ存在として造られたからです。自分と神様との関係が正しい状態になっていないならば、それは他の関係にも影響してきます。

放蕩息子の兄は、父親との緊張関係の中にいました。彼は弟のように家を飛び出すことはしませんでしたが、「私のものはすべてお前のものだ」という父の無条件の愛を信じることができないでいたのです。そればかりか父の言いつけを守らなければならないという枷を自分自身にかけて、努力して、我慢して、毎日を過ごしていました。そうしなければ父の愛を受けることができないと考えながら。

ですから帰ってきた弟を受け入れる父親の姿を見て怒りを爆発させたのです。もし兄が、父の無条件の愛の豊かさ、その真の意味を父と共有していたら自ら弟に走り寄って祝福したことでしょう。（ルカ15・11―32参照）

私たちは様々な人間関係で心悩ませますが、まず父なる神様との関係に目をとめましょう。そして父なる神の無条件の愛の豊かさを享受しましょう。その祝福の中に憩い、安らぎましょう。ダビデは敵の前でも食事を用意してくださる主を体験し、このように言いました。

「【主】は私の羊飼い。私は乏しいことがありません。」（詩篇23・1）
この豊かさの中にいるなら、その他のことも案外うまくいくものです。

捨て石となる覚悟

本郷台キリスト教会に通う人は、幾度となく耳にする有名な話が、「牧師のチリ紙交換」です。「チリ紙交換」と言っても最近の若い子はピンとこないかもしれません。いわゆる「廃品回収」を、前主任牧師の池田博師は、牧師をしながら18年間続けました。そこで得た収入はすべて教会に献金し、開拓教会の中でも、いち早くリーベンゼラ宣教団本部からの支援を受けない自給教会となりました。それをきっかけに、教会は新会堂の建設に向かっていきました。

当時の礼拝人数は10数名でしたが、講壇から「この教会は地域に仕える教会、そして世界に宣教師を送り出す教会になります」と博牧師はビジョンを語りました。しかし、会堂建設について触れると、信徒から、「先生は講壇から『神様に語られました』と言えばいいですが、実際に献金するのは私たちなのです」という声が上がり、半数の信徒が教会を離れる結果となりました。

そこで神様の前に出て、信徒をつまずかせてしまったことを悔い改め祈っていると、「あなたがまず捨て石となりなさい」という神様の声を聴いて、「チリ紙交換」を始めることになったのです。博牧師が35才の時のことです。

リーベンゼラ本部から当時の重鎮の先生方がやって来られ、「先生、牧師ならもう少し牧師らしいアルバイトがあると思います」と愛の忠告をしてくださいました。でも、讃美歌を流しながら町の人と知り合い、伝道するチャンスになると確信を持っていた博牧師の心は変わらず、１９７３年7月から「チリ紙交換」を始めました。

私は幼少から親の証しを通して「捨て石となる」という言葉を聞いて育ってきました。「捨て石になる」とは、何かのために犠牲になることだとずっと思ってきました。最近になって辞書を引いて調べてみたところ、「捨て石となる」の説明にはこのように書かれていました。

捨て石となる……「現在の効果はないが、将来役に立つことを信じて行う行為。また、そうする人。」（『精選版 日本国語大辞典』小学館）

これを読んでハッとしました。捨て石になるとは、「単に、仕方なく犠牲になることではないんだ」と気がついたのです。自分が犠牲を払うことによって、いま自分だけが見せられている未来が開かれていき、将来多くの人のためになることなのだと分かりました。

捨て石となる人は、ビジョンを持っています。それは、自分ではなく周りの人や次の世代のためのビジョンです。捨て石となる人とは、そのためにいま自分が持っているものを献げることができる人です。

それには、与えられたビジョンが神様から来ていると確信を持つことが必要でしょう。またそこに従う信仰も問われます。一見そのような生き方は損をしているようにも見えるかもしれません。しかし聖書では、そのような生き方が、賞賛されていることを見るのです。「宣教」をテーマに与えられたこの年、「捨て石となる」ということを、自分とイエス様の姿を照らし合わせて考えてみたいと思わされました。

「主のもとに来なさい。主は、人には捨てられたが神には選ばれた、尊い生ける石です。

あなたがた自身も生ける石として霊の家に築き上げられ、神に喜ばれる霊のいけにえをイエス・キリストを通して献げる、聖なる祭司となります。

聖書にこう書いてあるからです。

『見よ、わたしはシオンに、選ばれた石、

尊い要石を据える。
この方に信頼する者は
決して失望させられることがない』
したがってこの石は、信じているあなたがたには尊いものですが、信じていない人々にとっては、『家を建てる者たちが捨てた石、それが要の石となった』のであり、それは『つまずきの石、妨げの岩』なのです。彼らがつまずくのは、みことばに従わないからであり、また、そうなるように定められていたのです。
しかし、あなたがたは選ばれた種族、王である祭司、聖なる国民、神のものとされた民です。それは、あなたがたを闇の中から、ご自分の驚くべき光の中に召してくださった方の栄誉を、あなたがたが告げ知らせるためです。」（Ⅰペテロ２・４―９）

捨て石になるとは……自分が犠牲を払うことによって、
将来多くの人のためになることなのだ。

桃栗三年柿八年……

「それぞれが賜物を受けているのですから、神の様々な恵みの良い管理者として、その賜物を用いて互いに仕え合いなさい。」（Ｉペテロ４・10）

神様は私たち一人ひとりに賜物を与えてくださっています。

『Discover Your God-Given Gifts（資質となる賜物）』（Don & Katie Fortune著）という本をご紹介いたします。質問形式になっていて、質問に答えていくと自分に与えられた賜物が分かるようになっている本です。

それによると賜物には三つのカテゴリーがあります。一つはＩコリント12章に書かれている「現れとしての賜物」です。次にエペソ４章に書かれている「ミニストリーとしての賜物」です。そして最後がローマ12章にある「資質となる賜物」です。この「資質となる賜物」がすべての人に与えられている賜物だというのです。

賜物に関して書かれているいろいろな本がありますが、この本はとても分かり易くまとめられていると思います。この本を読んだ皆さんからは、「自分のこともそうだが、いままで理解できなかった他人の言動を理解できるようになった」とか「他の人と比べて、何で自分はあのようになれないのかと劣等感を持っていたが、神様から与えられた賜物を知って自信を持てた」というような声を聞くことができました。

神様が私たちに賜物を与えてくださったというのは、ある意味で私たちに種（タネ）を渡しておられるようなものだと思うのです。なんの種かは分かりません。どのような花が咲き、どのような実を結ぶかも分かりません。その種を持っているだけでは、なんの種か知ることはできないのです。

私たちは与えられた種を良い土壌に蒔く必要があります。しかし種を蒔いたからといって、すぐに結果がでるわけではありません。種が芽吹く前に雑草が生えてくることもあります。そんなとき、ある人は種を蒔いたら雑草が生えてきたと、神様に文句を言うかもしれません。

タイトルに掲げたように実を結ぶためには、手入れや年月が必要です。

桃や栗は植えてから3年経たないと実を結ばないそうです。柿に至っては8年が必要だという諺《ことわざ》なのです。一人前として成長するには年月がかかるので、努力と忍耐が必要だというです。この諺には続きがあるのをご存じでしょうか。地域によって違うそうですが、「桃栗三年柿八年、柚子の大馬鹿十八年」とか「桃栗三年柿八年、枇杷《びわ》は早くて十三年」などです。18年かかる柚子（実際は違うようですが）に対しては大馬鹿とまで言っています。

これらの諺は当然、人間の視点で書いていますが、神様が私たちに与えてくださった賜物に当てはめ、神の視点で見てみたらどうなるでしょう。神様は私たちに託した賜物に関して、どれほどの忍耐を持って待っておられることでしょうか。

冒頭のみことばでペテロは、「神の恵みの良い管理者として、その賜物を用いて互いに仕え合いなさい」と勧めています。私たちは神様が与えてくださったものに対して、良い管理者となっているでしょうか。神様に与えられた賜物を仕え合うために用いているでしょうか。

これらのことに関して、教会という実践の場が与えられていることは何と感謝なことでしょう。与えられた賜物を用いて、互いに仕え合う教会を目指して共に励まし合っていきましょう。

神のみこころに生きる確かさ

「人々の罪を身代わりに背負って、神の裁きを受ける」。これは、イエス様が通られた道ですが、決して簡単なことではありません。しかし、イエス様は私たちの救いという喜びを前にして、これらの困難をものともしなかったと聖書に記されています。

「信仰の創始者であり完成者であるイエスから、目を離さないでいなさい。この方は、ご自分の前に置かれた喜びのために、辱めをものともせずに十字架を忍び、神の御座の右に着座されたのです。」（ヘブル12・2）

神であるイエス・キリストがご自身のいのちを投げ出すほどの喜びというのはいかばかりなのかと思わされます。改めて自分の命の尊さと、神との関係が回復されたことの大きさを覚えさせられます。

「大義」という言葉があります。辞書にはこのように載っています。「人間として踏み行うべき最も大切な道。特に、国家・君主に対して国民のとるべき道をいうことが多い」(『スーパー大辞林』三省堂)。人となられたイエス様は、まさに「神のみこころに生きる」という神の国の大義を持って、地上の人生での苦難をものともせずに歩まれたのです。

私たちはどうでしょうか。それほどの大義を持って生きているでしょうか。多くの人は神のみこころに生きるよりも、利己心を満足させるために生きたり、自分の経験や立場、人生観といったものに縛られて生きていたりするように思えます。キリスト者として神に喜ばれる歩みとは、そんな自分を第一とする肉的な思いや考え方を一つ一つ剝がされて、神のみこころに生きるようになることではないでしょうか。そして神はときに試練を通して、私たちが人間的なものを手放して神に信頼して生きるように教えられます。

私も自分の人生を振り返ってみて、ここに至るまでに数々の試練を通して、自分の願いや計画、主義主張と言ったものが削ぎ落とされてきたように感じています。

10×10(テンバイテン)ビジョン※まで、あと2年です。

最近では、このビジョンを受けて、家を手放して日本国内の宣教旅行に立ち上がる家族が起こされたり、本郷台と関わりの深い教会から国政選挙にチャレンジする方が起こされたりするなど、日本全体の祝福のために思いもしなかった広がりも見せられています。

また、海外に出ていって、ウクライナ難民孤児のために孤児院を作るように導かれた働き人もいれば、逆に香港やメキシコ、オーストラリア、ドイツ、韓国、アメリカ、アルゼンチン、ブラジルといった国外から日本宣教のために本郷台に送られてきた働き人たちもいます。一方、地域に仕えるという面でも、社会福祉法人真愛が、かねてより教会のビジョンであった「終の棲家」を建設するために動き出しています。また一般財団法人オアシスと協力して、遣わされている地域での高齢化問題に関して地域活性の取り組みを自治体や企業、行政と協力して行おうとしています。

他にも、ここにすべてを挙げることはできませんが、教会内で沢山の祝福された証しや、課題などを見させていただいている中で、神様が更に大きな祝福を与えるために、私たちを訓練し、整えてくださっていることを感じます。

神のみこころに歩もうとするとき、様々な信仰の決断を迫られます。そんなとき人間的にいろいろ考えると心配になったり、安定を求めて決断できなくなったりしますが、イエス様が模範を見せてくださったように、父なる神への絶対的な信頼と、人々への愛をもって神のみこころを選び取って歩んでいきたいと願わされます。

本郷台キリスト教会がそのように神のみこころを歩み続ける教会として信仰の決断をし続

けることができるようにお祈りください。そしてともに日本の教会の10倍の祝福を祈り、立ち上がりましょう！

「御国が来ますように。みこころが天で行われるように、地でも行われますように。」
（マタイ6・10）

※10×10ビジョン…「10年で10倍の祝福が日本に与えられる」というビジョン。2023年末に開催されたスポーツミニストリーの国際会議に出席する中で与えられ、スポーツ界だけでなく様々な分野に広がりを見せている。10倍の祝福を受けた日本が世界を祝福する国となるようにと祈り、取り組んでいる。

待つことの意味

童謡「手のひらを太陽に」を作詞したやなせたかしさんは、「生きているから悲しいんだ」という歌詞について、「なんで『うれしい』より先に『悲しい』が来るのか」とよく質問を受けたそうです。それに対して、やなせさんは「悲しみがあるからはじめてうれしさがある。人生は悲喜こもごもだが喜悲こもごもとは言わない。影がなければ光はない。だから『悲しいんだ』が先に出てくるのだ」と答えています（『明日をひらく言葉』ＰＨＰ文庫34頁）。

未熟児として生まれ、5才で父と死別し、伯父夫婦に引き取られ、代表作「アンパンマン」が世に認められたのは70才近くになってから、という決して順風満帆とは言えない人生を送ってきたやなせさんだからこその歌詞だと思います。

「悲しみがあるからうれしさがある」。そのように考えると、人生のすべての出来事に意味があるように思えてきます。やなせさんは「人生は椅子取りゲーム。満員電車に乗り込み、あきらめて途中下車せずに立ち続けていたら、あるとき目の前の席が空いた」（前掲書38頁）と言って、アンパンマンが認められた経緯を振り返っています。

辛い時期を通るからこそ、その後の人生を感謝して過ごせるようになるのです。そのために私たちは「待つ」ことを身につけなければいけません。そして辛い時期が過ぎるのを、ただ我慢して待つのではなく、信じて、あきらめずに待つことが必要です。やなせさんは、どんなときも好きな漫画をあきらめずに描き続けたと言っています。

最近は、情報端末の発達により便利な時代になりましたが、その一方で「待つ」ことが少なくなったように感じます。携帯があるので、待ち合わせがうまくいかず待ちぼうけということもなくなりました。欲しいものはお店まで行かなくてもスマホ一つですぐに手に入ります。オンライン会議も増え移動時間も少なくなりました。

しかし、待つことによって学べることもあります。

「待つ」というのは期待することであり、あきらめないことです。また「待つ」というのは信じることでもあります。

アドベント（待降節）は、「待つとき」であります。

「救い主がお生まれになって、私たちを暗闇の状態から救い出してくれる」と、当時のイスラエルの人たちは信じ、待ち望んでいました。しかし実際には、救い主がいつ来るかは分からなかったのです。それでも彼らは期待して待っていました。

２０２２年のアドベントを過ごしているあなたはどうでしょうか。救い主イエス・キリストを期待して待っておられるでしょうか。長年祈っている課題が応えられず、変わらない現状に、信じて待つ力が弱っていないでしょうか。神様に期待して待つことに意味があります。あなたがいまどのような状況におられても、待ち望んでみてはいかがでしょうか。救い主イエスは、暗闇と言われるこの世界を見捨てずに来てくださったのです。あなたのところにも救い主イエスは来られて、光をもたらしてくださいます。

「闇の中に住んでいた民は大きな光を見る。死の陰の地に住んでいた者たちの上に光が昇る。」（マタイ4・16）

信仰の化学反応

「本郷台キリスト教会は祝福されていますね」という声を聞くことがあります。感謝なことです。教会は今年（2023年）創立59周年を迎えます。59年間、地域に根差して教会がここまで導かれてきていることは本当に感謝なことです。

「本郷台キリスト教会の祝福の秘訣は何ですか？」と聞かれるならば、私は真っ先に「複数牧会（※）です」と答えます。本郷台キリスト教会には、1990年代より私と6人の牧師がいます。それぞれに賜物も違い、経験も、信仰歴も違いますが30年近く同じ教会を牧する恵みに与らせていただいています。

一言で「複数牧会」といってもなかなか簡単にはいきません。ときには意見の食い違いから議論になることもあります。しかし違いのある者同士が一致できたとき、違いは広がりとなるのです。そして、それぞれの信仰がお互いに影響し合い、まるで化学反応を起こすかのように、今まで考えもしなかったような新しい働きが始まるのです。本郷台キリスト教会での働きの広がりがまさにそれです。

※複数牧会：一つの教会を複数の牧師で牧会すること

ここに、複数牧会を行う中で感じた、いくつかの大切な要素を書き記しておきます。

・**「お互いに尊敬する」**……複数牧会は、まずお互いを尊敬していないと成り立ちません。ピリピ２章３節に「互いに人を自分よりすぐれた者と思いなさい」とあるとおりです。

・**「自分に与えられた責任を果たす」**……複数牧会では、それぞれが自分に与えられた責任を果たす必要があります。イエス様も弟子たちに「自分の十字架を負って、わたしに従って来なさい。」（マタイ16・24）と言われました。それぞれが負うべき十字架、果たすべき責任を担うことなしに複数牧会はできません。

・**「未来に目を向ける」**……ピリピ３章13、14節には、「うしろのものを忘れ、前のものに向かって身を伸ばし……目標を目指して走っているのです。」とあります。複数牧会では未来志向であることが大切です。過去の失敗や成功例に囚われてしまったり、現在の相手の受け入れがたい部分を指摘するのではなく、「神の御国のためにしている」という未来的な視点を持つときに、必ず霊の一致点を見出すことができます。神の前に一点でも一致できれば私たちは協力できます。

これらのポイントは複数牧会だけでなく、教会で二人、三人が協力して何かするときにも応用できます。

「二人は一人よりもまさっている。二人の労苦には、良い報いがあるからだ。」（伝道者の書4・9）

これは結婚式のときによく開かれる箇所ですが、前後関係を読むと夫婦関係というより、仲間との関係について書かれた箇所であることが分かります。夫婦関係であっても、仲間との関係であっても、二人で協力して働くなら一人のときよりも良い結果が出るのです。ときに神様は、正反対のタイプの二人を組ませることが多いように思います。

自分と違うタイプの人と何かすることになったとき、誤解や衝突があることでしょう。でも、「神様はこの働きを通してどんな新しいことをしてくださるだろうか」と考えると、違いを楽しむことができるのではないでしょうか。二人三人が集まり、「神の栄光のみわざのために私たちの関係を用いてください」そのように祈り合うなら、教会には無限の可能性が広がっているのです。

弱さの恵み

人は誰しも強くありたいと願います。

病気やケガをしたら早く回復するように願いますし、多くの人は「いつまでも健康で長生きしたい」と思うのではないでしょうか。また困難が起きてもくじけない強い心を持ちたいと願う人も多くいると思います。反対に自分の弱い部分は人に見せたくないし、知られたくない、と考えたりもします。

私たちの中には、「弱くなる」ということは「強さを手放し、失うこと」「強くあることをあきらめること」という考えがあるのではないでしょうか。

「弱さ」というのは本来、私たちの力を奪ったり、制限したりするものです。病気やケガだけでなく、お腹が空いているときや、気分が落ち込んでいるときも、また何か罪を犯して罪責感に苛まれているときも、私たちは本来の力を発揮できません。

しかし、そのような弱さの中にも神の恵みが隠されているのです。

例えば、人はお腹が空くから空腹感を満たそうと食べてエネルギーを補給します。もし空腹感を感じることがなければ、私たちはエネルギー切れになるまで動き続けて倒れてしまうことでしょう。同じように病気になると具合が悪くなるので、私たちはお医者さんのところへ行きます。つまり人は弱さを認識すると、それを何とかしようと行動するのです。これを「弱さの恵み」と呼ぶことができます。

「人の弱さ」と「神の愛」が出会うとき「神による変化」が起こります。「人の弱さ × 神の愛 ＝ 神による変化」という式が成り立つのです。少し変わった言い方かもしれませんが、「罪人」と「神の愛」が出会ったとき、「イエス・キリストの十字架による救い」が生み出されたのです。ヨハネ4章では、サマリアの女が神の愛に出会ったときに起きたサマリアの町のリバイバルの様子が描かれています。その他にも、聖書には多くの弱さを持った人々が神に用いられている様子が描かれています。

弱さは決して弱さだけで終わらないのです。神様の愛と出会うときあなたの弱さを通して神様は何らかの変化を生み出してくださいます。

パウロはコリント教会に入り込んだ偽教師たちに「実際に会ってみると弱々しく、話は大したことはない。」（Ⅱコリント10・10）と攻撃されます。パウロ自身、自分に与えられた弱さを、取り去ってくださるように三度も主に願った（Ⅱコリント12・8）と告白しています。パウロは自分の弱さ、コンプレックスを神の前に持ち出したのです。結果として、その弱さは取り去られませんでしたが、パウロはこのように告白しています。「……私は、キリストのゆえに、弱さ、侮辱、苦悩、迫害、困難を喜んでいます。というのは、私が弱いときにこそ、私は強いからです。」（Ⅱコリント12・10）

彼は弱さと向き合い、それを神の前に持ち出したことによって、あらゆる弱さ、困難を乗り越える力を得たのです。

イエス様ご自身も地上では弱さの中に生きてくださいました。神のみこころゆえに弱ささえも受け入れて歩まれたイエス様を神様は死からよみがえらせ、その名を高く上げ、イエス・キリストを信じるすべての者を救う道を開かれました（ピリピ2・9参照）。

私たちもイエス様の足跡に従い、弱ささえも恵みとして神の前に持ち出すなら、神は私たちに勝利の人生を与えてくださるのです。その勝利の祝福は私たちの想像を超えて広がっていくのです。

第3章

みことばに聴く

イエス様の愛の心をいただいて

「それから、イエスは、すべての町や村を巡って、会堂で教え、御国の福音を宣べ伝え、あらゆる病気、あらゆるわずらいをいやされた。」（マタイ9・35＊）

私たちは毎日、人から何らかの影響を受けています。例えば、通勤途中に電車内でいざこざを見かけたら嫌な気分になるし、逆にご年配に席を譲る若者を見かけたら、当事者でなくても清々しい気分になったりします。

これがもっと近い関係、例えば学校の教師と生徒ならば、もっと強い影響を受けることでしょう。単なる知識の伝達だけではなく、教師の人生観や社会観を一つ一つの言葉の背後に感じ、影響を受けるからです。少し大げさに言うならば、私たちが人と接するとき、私たちの生き様が相手に分け与えられるのではないでしょうか。

明治から昭和にかけて、教師、医師、牧師（僧侶と聞いたが、私は牧師に置き換えている）は聖職者と呼ばれていたそうです。彼らは自分の働きをしてもむやみに金銭を要求することはありませんでした。倒れている人、困っている人がいれば無償で助けたのです。そんな彼らを人々は尊敬し、必要なものを分け与えました。聖職者は決してひもじい思いをすることはなかったといいます。

私はこの話を牧師として心に刻んでいます。私の働きは、仕事であって仕事ではない。生活の糧を得るために働いているのではなく、働いた結果、生活させていただいているのだ、と。ですから、感謝しなければなりません。そして、どのような心で人と接しているか、心を見張っていきたいのです。私が人と関わる時、私は私の人生の一部を相手に分け与えているのですから。

イエス様の目にはいつも弱い立場の人が映っていました。そして忙しい時間を縫ってでも、彼らの生活の現場に出て行き、彼らの必要を満たされました。私もキリスト者としてキリストの愛の心をいただいて、人々のところに出て行き、その必要に応える者でありたいのです。

満ちあふれる喜び

今年（２０１７年）、神様が本郷台キリスト教会に与えてくださったみことばは、ルカの福音書５章４節です。

「深みに漕ぎ出して、網をおろして魚をとりなさい」（ルカ５・４）

そして標語は、「満ちあふれる喜び」といたしました。

「深みに漕ぎ出して網をおろして魚をとりなさい」と言われたイエス様のご命令に従った弟子たちは多くの魚を獲ることができた、というメッセージをいただき、標語のみことばといたしました。

一晩中、漁に出て何も獲れなかった漁師たちが、丘に上がって網を洗っているところにイエス様が来られて、舟を漕ぎ出させ、「もう一度、網をおろしなさい」と言われました。疲れていたでしょうし、片づけているのに今さら何をという思いもあったことでしょう。しかしシモン（後のペテロ）は、「でもおことばどおり、網をおろしてみましょう。」（ルカ５・５

＊）と、従ったのです。そして、そのとおりにしてみると多くの魚が獲れたのです。ペテロたちの驚きはどれ程だったでしょうか。

しかし、ペテロは喜びに満ち溢れたかというとそうではなく、逆にイエス様に対して恐れを抱いた様子が描かれています（ルカ5・8、9）。なぜでしょうか？

それは、ペテロは網をおろして魚が獲れる、その瞬間までイエス様の言葉が現実になると思っていなかったからです。プロの漁師が一晩中働いて獲れなかったのだから、今この場所に魚はいない。経験上これは確かだと無意識のうちに思っていたのでしょう。それなのに漁に関しては素人のイエス様が意見してこられたのです。

あるいは、ペテロは半信半疑のまま網をおろしたのかもしれません。「自分の経験ではそんなことはあり得ない。でもイエス様がそう言われるならば何かが起こるのかもしれない」と、そんな「半信半疑」な状態で船が沈むほどの大漁になったからこそペテロは恐れを抱いたのです。

私たちもペテロと同じように、自分の中の常識や経験の枠の範囲でイエス様のことばを捉えがちです。だからこそイエス様は、「従いなさい」と声をかけられるのです。そして従うときには、まだ半信半疑でもよいのです。ペテロもこのように行動に移してみて初めて、自分の範囲を越えた神の力を体験したのです。

私たちの人生の中にもイエス様がやって来られて、信仰によって行動する時があります。そんな時には、信仰を働かせて「はい、主よ。おことばどおり従います」と答えてみましょう。

ペテロが従った時、舟が2艘とも沈みそうになるほど魚が獲れました。神様が与えてくださる祝福は、いつも満ち溢れるほどの祝福です。この時も、5000人の給食の時もそうです。

ペテロの決断が他の弟子たちの祝福にもなったように、私だけでなく、私の周りに置かれた人をも祝福するほどの「満ち溢れる祝福」を、ともに体験していきましょう。

イエス様は言われます。「深みに漕ぎ出して、網をおろして魚をとりなさい」

祝福の受皿

「はしための家には何もありません。ただ、油のつぼ一つしかありません。」（Ⅱ列王記4・2＊）

あるときエリシャの仲間の預言者が亡くなりました。彼には借金があり、貸主が夫人のところに来て、借金の代わりに２人の息子を奴隷として連れていくというのです。困った夫人はエリシャのところに相談に行きます。エリシャは何とか助けてあげようと彼女の家に何があるかを尋ねました。その返答が、先ほどの言葉でした。

あなたがエリシャならどのようなリアクションをするでしょうか？

普通の人ならば「えっ、それしかないの。何かもっと高く売れるものはないのかな？　私もそんなにお金はないしどうしよう。大変なことに巻き込まれちゃったな。どうしたらいいだろう」と焦ると思うのですが、エリシャは少しも動じずに、すかさず「隣人から『からの器』を借りてきなさい。そして、その器に油を注ぎなさい」と命じます。親子がそのとおりにすると、からの器がすべて満ちるまで油のつぼは尽きなかったとあります。この一家は油を売って借金を全部返し、その残りで暮らしたのです。

人生には様々な困難、試練が突然に襲ってきます。誰が悪いわけでなくても、どうしてよいか分からないピンチに遭うことがあります。そんな時、神様は私たちの持っているものを用いられるのです。夫人の発言には、これで一体どうなるというのでしょうと、何もないことを強調して「油のつぼ一つ」と言われたように思います。しかし、実際神様はその油のつぼを通して祝福のみわざを現わされたのです。

私は牧師ですので、いつも教会に当てはめて考えます。神様は教会に集う一人ひとりを用いられるのです。その方が、自分がどんなに小さい者と思っていたとしても、神様はその一人を通して素晴らしい祝福のみわざを現わされます。

しかしそのためには、自らをからの器として神様に差し出さなければいけません。教会で起こされてきたNPOや被災地支援の働きは、すべてそのようにして始められました。目の前に突然降ってわいたような困難に対処するために、「神様私をささげます。用いてください」そのように祈った主の器たちから、みわざが起こされていったのです。

先日、あるセミナーで本郷台キリスト教会の働きを発表してほしいという依頼があり、改めて調べてみたところ、教会と関連のＮＰＯやオアシスを合わせると現在２２０名のスタッフ（パート、ボランティア含む）が働いていると分かりました。その８割はクリスチャンです。初めは１人、２人と差し出された「からの器」がこのように広がってきたのです。

「『もう器はありません』と言うと、油は止まった。」（Ⅱ列王記４・６＊）

この国にはもっともっと神様の祝福が必要です。その祝福を求める祈りがなされ、受皿が差し出されるならば、神様はそこに祝福を満たしてくださるお方です。あなたが見ておられる状況に、神様のみこころがなされていない場所はないでしょうか。「ここに神様のみわざが成し遂げられたならば、もっと素晴らしいのに」と感じるところはないでしょうか。ともに祈り合うところから始めていきたいと思います。一人ではできなくても、からの器を隣近所から借りてきてでも成し遂げる価値のある働きはまだまだ多くあると信じます。

神の祝福を共に経験していきましょう。

十字架を見上げて

「ゼベダイの子ヤコブとヤコブの兄弟ヨハネ、このふたりにはボアネルゲ、すなわち、雷の子という名をつけられた。」（マルコ3・17＊）

イエス様は、なぜそのようなニックネームをつけられたのでしょうか？

ペテロ、ヤコブ、ヨハネは、イエス様のそばにいることを許された弟子です。イエス様はヘルモン山での変貌のときも、会堂管理者の娘を蘇らせるときも、ゲツセマネでの祈りのときも、ペテロ、ヤコブ、ヨハネを特別に近くに置かれました。イエス様が、ヤコブとヨハネのことを「ボアネルゲ」と呼んでいる場面は聖書には出てきませんが、イエス様は、シモンには「ペテロ」、ヤコブとヨハネの兄弟には「ボアネルゲ（雷の子）」とニックネームをつけられたのでした。

シモンは、おっちょこちょいで思ったことをすぐに口にするような性格でしたが、それとは正反対の意味のペテロ（岩）と名付けられました。これは嫌みや皮肉ではなく、彼が後に岩のようなどっしりした者と変えられ、教会の土台としての働きをすることを示していたのです。

一方、ヤコブとヨハネは気性の激しい性格だったと言われています。福音書の中にヨハネ自身の発言は、ほとんど記されていませんが、そのわずかな記事の中に彼の性格が表れています。彼はイエス様を受け入れなかったサマリアの人たちを見て、「主よ。私たちが天から火を呼び下して、彼らを焼き滅ぼしましょうか。」（ルカ9・54＊）と言います。また49節では、イエスの御名で悪霊を追い出している人に、彼が弟子でないのでそれをやめさせたと発言して、イエス様にたしなめられている様子が描かれています。

しかし、のちにヨハネが書いた「ヨハネの手紙」は、愛の手紙と言われるほど神の愛について書かれています。また、ヨハネの福音書では、自身のことを「イエスの愛された弟子」と呼んでいます。雷の子から愛の使徒へ。激しい性格のヨハネがいつどこで変えられたのでしょうか。

それはやはり、ヨハネ自身がキリストの十字架を目の当たりにしたときからではないでしょうか。彼は手紙の中でこのように書いています。

「キリストは、私たちのために、ご自分のいのちをお捨てになりました。それによって私たちに愛がわかったのです。ですから私たちは、兄弟のために、いのちを捨てるべきです。」（Ⅰヨハネ3・16＊）

ヨハネは「私たち」と複数形で書いていますが、イエス様のヨハネへの愛ということを考えると、ヨハネ個人の名前を当てはめることができます。そして当然そこには、私たちそれぞれ自分の名前を当てはめることができます。あなたも自分の名前を当てはめて読んでみてください。

イエス様の十字架によって「雷の子」は愛を知りました。かつては権力を求め、イエス様の王座の右か左に座ることを求めていましたが、キリストの十字架に現された愛を知ったとき、生かされている本当の使命を知り、兄弟のためにいのちを捨てる者へと変えられたのです。

「雷の子」。初めは不名誉なニックネームと、ヨハネは思ったかもしれません。しかし、イエス様はそんなヨハネを決してあきらめずに、愛を注ぎ続けました。イエス様はあなたのこともあきらめていません。私たちも自分で自分のことをあきらめずに、イエス様の十字架を毎日慕って生きていきましょう。

弱い者が用いられる

「それどころか、からだの中で比較的に弱いとみられる器官が、かえってなくてならないものなのです。」（Ⅰコリント12・22＊）

聖書の中には弱い者が用いられた記事がたくさんでてきます。

アブラハムは、１００歳になってからイサクが与えられました。ルツは、夫に先立たれた未亡人で、異邦人でしたが、後にボアズと結ばれ、ダビデやイエス様の家系に加えられました。サマリアの女は、人目を避けるように生活していましたが、サマリアの町の救いのために用いられました。５０００人の給食の時は、２匹の魚と５つのパンを持っていた少年が用いられました。ペテロもヨハネも、無学な普通の人であったと聖書には書かれています。聖書をよく読むと、子どもや女性、貧しい者や在留異国人が案外重要なところで用いられていることが分かります。

人は弱さを欠けと見なすかもしれませんが、神の目には弱さはむしろ欠く事のできない大切な部分だと思うのです。人が自分の力で何でもできたら、神を求めることはしません。自分でできない弱さにぶつかるからこそ神を求めるのではないでしょうか。

「〇〇 ×神の愛」

弱さと神の愛が出会った時に、「神による変化」が起こります。罪人と神の愛が出会った時、イエス様の十字架による救いが生み出されました。数式で表すとこんなところでしょうか。「罪人 × 神の愛＝イエス様の十字架」

この「〇〇 × 神の愛」の法則は、今私たちが直面している課題にも通用します。あなたの周りを考えてみてください。弱い存在や欠けのある状況がきっとあることでしょう。そこに神の愛を掛け合わせてみましょう。「障がい × 神の愛」、「不登校 × 神の愛」、「ひきこもり × 神の愛」、「DV被害 × 神の愛」、「病気 × 神の愛」

この世ではマイナスに思われている状況に神の愛が加わるとき、神の御手が動かされ御業が起きるのです。

神の愛は本気の愛です。愛の対象が1人いなくなれば、99人を置いてでも失われた1人を見つかるまで探す愛です。自分を犠牲にすることをいとわない愛です。そしてその愛は、いま聖霊によって私たち一人ひとりに注がれています。

神の愛を表してくださったイエス様は天に戻られました。私たちはいま、イエス様に代わって神の愛をこの世界に表していく、神の愛の大使として存在しているのです。あなたの置かれている場所で、神の愛を必要としているところに神の愛を表していきましょう。あなたが自分に与えられた神からの使命を知り、そのために自らを献げるならば、状況は変えられていきます。

二十数年前にミッション３０００について話したビジョンのほとんどが、いま実現しています。教会は次のビジョンを描いて進んでいきます。あなたに与えられたビジョンを分かち合ってください。

神の愛に、何をもって応えるのか？

神は本来、罪を犯して神から切り離された人間と関わりを持つことはありません。人間の側から言うと、いくら人が神を求めても神に近づくことすらできません。神は聖いお方だからです。聖い神は一点の曇りもあってはならないのです。

「私たちは真実でなくても、彼は常に真実である。彼にはご自身を否むことができないからである。」（Ⅱテモテ2・13＊）

神は、常に真実、つまり正しいお方で、ご自身が神であることを否定することはできないのです。

その神が人を見捨てずに愛してくださったのです。その証拠がイエス・キリストの受肉（人となってこの世に生まれられたこと）です。聖書にあるように、「キリストは神の御姿である方なのに、神のあり方を捨てられないとは考えず、ご自分を無にして、仕える者の姿をとり、人間と同じようになられ。」（ピリピ2・6、7＊）たのです。

救われるはずのなかった私を、神がその存在をかけて愛してくださり、私の身分を保証してくださったのです。いったい、どうしたらこれほどの大きな愛に、私たちは応えることができるでしょうか？

神様は、私たちが何か素晴らしいことをして、その行い故に喜ばれるお方ではありません。なぜならその良い行いも、それを行う力も、神様が与えてくださるものだからです。

「私たちは神の作品であって、良い行いをするためにキリスト・イエスにあって造られたのです。神は、私たちが良い行いに歩むように、その良い行いをもあらかじめ備えてくださったのです。」（エペソ2・10＊）

だから私たちは、自分の成すべき分を果たしたら栄光を主にお返しして、「私たちは役に立たないしもべです。なすべきことをしただけです。」（ルカ17・10＊）と言うのです。

この偉大なお方が喜ばれること、それは、私たちが「主」と「主のことば」を信じることです。まだ目に見ていないし、他の人は疑いの目を持っているけれど、「信仰によって信じる」。このことを神様は喜んでくださいます。

神様はアブラハムの信仰を義とされました（創世記15・6参照）。

マリヤには、「主によって語られたことは必ず実現すると信じきった人は、何と幸いなことでしょう。」（ルカ1・45＊）と語られました。
イエス様のもとに部下の癒やしを求めに来た百人隊長には、「わたしはイスラエルのうちのだれにも、このような信仰を見たことがありません。」（マタイ8・10＊）と言って、その信仰を褒めてくださいました。

神様の喜ばれる信仰、それは神のみこころを信じることです。
イエス様はいつもこのような信仰の姿勢を見せてくださっていました。「それは人にはできないことですが、神は、そうではありません。どんなことでも、神にはできるのです。」（マルコ10・27＊）
人の常識でいつも行動していたら、神のみわざは体験できません。私たちもパウロのように毎日告白していきましょう。
「私は、私を強くしてくださる方によって、どんなことでもできるのです。」（ピリピ4・13＊）

旅に出よう

「主はアブラムに言われた。『あなたは、あなたの土地、あなたの親族、あなたの父の家を離れて、わたしが示す地へ行きなさい。』」（創世記12・1）

私がユース牧師だった頃、ひとりの高校生がこんなことを言ってきました。「僕は自分の目で見ないとそれが真実だと信じられないんです。たとえばアメリカ大陸があると言われていてテレビでも見るけれど、それが実際にあるか、アメリカ大陸に自分の足で立ってみないと真実だと思えないんです」。私は、「はっきりと自分の意見を持った子だなぁ」と思ったのを覚えています。彼は大学生になってから海外にあちこち出かけていくようになりました。きっと世界の大きさを体感しワクワクしていたに違いありません。

「旅に出る」この言葉は、何か私たちをワクワクした気分にさせます。日常から離れて、新しい景色や出会いを楽しむことができます。それまで知らなかった光景や知識を得ることはきっと人生にプラスの経験になることでしょう。海外に行くならば、日本での常識が通じない現実にぶつかって、文化の違いを実体験することもあるでしょう。現地の食事や言葉や気候に触れる中で、いかに文化が育まれてきたかを考えるのも楽しいものです。

私たちは、ともすると現状に落ち着いてしまいます。上手くいっているうちはいいのですが、段々と価値観や行動が固まってきてしまいます。そんな時、旅に出てみてはいかがでしょうか。違う文化、違う考え方、そんな風土や人々に触れる中で、「物事の見方は一つではない」という気づきが与えられたり、何か新しい価値観を見出したりすることがあります。身体的にきつくてあまり動けないという方は、本の旅に出るのもいいでしょう。

神様は75才になったアブラハムに、「父の家を出て、わたしが示す地に行きなさい」と声をかけられました。当時アブラハムは、父親と一緒にカルデヤのウルという地に住んでいました。そこからカナンを目指して旅立ったのですが、途中のハランというところに留まり暮らしていました。当時ウルでは偶像礼拝が盛んでした。神様はそのようなところで暮らしているアブラハムを神様しか頼れない状況に置こうとされたのです。そのために神様が用いられた方法は、「旅に出る」ということでした。頼れるものは神様以外にないという状況を作り出したのです。

現代では、たとえ旅に出ても、神様だけに頼る状況はなかなかないかもしれません。しかし、日常から離れることによって神様との特別な時間を作ることができたり、違う土地に住む人々に触れる中で新しい視点が与えられたりすることがあります。

新幹線や飛行機から見る景色もいいですが、各駅停車の電車や車、自転車、はたまた歩いて見える景色や、そこにある出会いはまた格別です。ときに自分をニュートラルに戻すために、そんな旅に出てみてはいかがでしょうか。

福音に生きる

「私たちの福音は、ことばだけでなく、力と聖霊と強い確信を伴って、あなたがたの間に届いたからです。」（Ⅰテサロニケ1・5）

最近読んだ『キリスト教の〝はじまり〟』（いのちのことば社・吉田隆著）という本の中に、このような一文が書かれていました。「もしイエス・キリストの福音が人類のあらゆるニーズに対応しうるものであり、またそのような福音として実際に機能していったときに、それが必然に人々の心を捉えてやまないものとなって、やがては社会をも変革していったことに何の不思議もないでしょう」

クリスチャンは、はじめユダヤ教徒たちからの迫害を受けました。やがてそれはローマ帝国からの迫害へと変わっていきました。それによって命を落とした信仰者も数多くいます。しかしイエス・キリストがもたらした福音が、全人類のための福音であって、すべての時代の、すべての境遇の人たちの必要を満たして余りあるものとするなら（現にそうなのですが）、キリスト教会がローマ帝国に勝利したのは当然の結果である、というのです。

この事が真理であるとするなら、現代に生きる私たちにも当てはまります。私たちが現在直面しているすべての問題に、福音は解決を持っているのです。私たちに伝えられた福音はそういうものです。

この福音はクリスチャン一人ひとりに託されているといえるでしょう。「福音を伝える」というと、多くのクリスチャンは、「キリストが罪を赦すためにこの世に来られて、私たちには罪があって、キリストの十字架を自分のこととして心に信じることによって赦され救われるのです」と語ることだと考えますが、それだけではありません。

私たちが遣わされている場で神の愛を実践すること。聖書に出てくる良きサマリア人のたとえのように困っている人を助けてあげること。旅人に一杯の水を差しだすこと。それらもまた福音を伝えることなのです。

私たちは、神が福音を託してくださったという意味、そして福音の内に秘められている力をもう一度考えてみる必要があるのではないでしょうか。「私を通して何人救われた」という前に、私自身がこの福音に生きているかを問い直す必要があるのではないでしょうか。

神様はある時は、あなたを一人の人の心を耕すために用いるかもしれません。ある時は種まくため、水をやるだけに用いられるかもしれません。私たちが忘れてはいけないのは、どのような時でも成長させてくださるのは神だということです。それは私たちが誇らないためでもあるでしょう。神が責任を持ってくださることを知るためでもあるでしょう。私たちはそのように神の働きの一部を担わせていただいているのです。

迫害にさらされながらも、福音を生きた信仰者たちによって、ローマ帝国はキリスト教を認めました。疫病や貧困や人種問題、社会格差などにおいても、福音は解決を持っていました。私たちも、地域を変革する者として福音に生かされていることを心に刻みましょう。

イエス様の愛をもって

「すると、王は彼らに答えます。『まことに、あなたがたに言います。あなたがたが、これらのわたしの兄弟たち、それも最も小さい者たちの一人にしたことは、わたしにしたのです。』」（マタイ25・40）

３月は卒業シーズンです。卒業生にとっては、これまでの学生生活を振り返る時となることでしょう。学校で過ごした数年間に区切りをつけて新しいステージへ飛び立つ前に、どのような人と出会い、どう過ごしてきたのかを振り返ってみましょう。卒業は関係ないという人も、新しい年度のスタートを前に一年を振り返ることは大切ですね。

イエス様は、マタイ25章で、弟子たちに終わりの日について話されました。私たちが、神様の前で人生の総決算をする時のことです。そして、天の御国に入る人たちに、「あなたがたはわたしが空腹であったときに食べ物を与え、渇いていたときに飲ませ、旅人であったときに宿を貸し、わたしが裸のときに服を着せ、病気をしたときに見舞い、牢にいたときに訪ねてくれたからです。」（マタイ25・35、36）と言われています。面白いことに、天の御国に入る人たちは、いつ自分たちがそうしたのか自覚がないのです。そこでの答えが冒頭のみことばです。

「最も小さい者に、見返りを求めずに自分のものを与えること」それをイエス様は喜ばれます。なぜなら、これこそイエス様が私たちに示してくださった愛の形だからです。空腹であったり、渇いたり、病気になったり、旅の途中というのは、誰にでも起こり得る状況です。着る物がない時や、何かの理由で牢に入れられた時は、どんなに惨めで孤独な気持ちになるでしょうか。

イエス様は、弟子たちに大宣教命令を与えて世界に目を向けさせると同時に、目の前にいる一人ひとりに目を配り、その必要に応えるように教えられたのです。なんの見返りもない人に仕える時にこそ、私たちはイエス様ご自身にお仕えしているのです。そう捉えることができるならば、私たちは目の前の一人を愛することができます。

ある神父が、「死を待つ人の家」で風呂から出た病人をバスタオルで受け止める奉仕を始めました。彼は痩せこけ体が変形した男性を前にして、思わず後ずさりしてしまったそうです。するとマザー・テレサが、彼に代わってこの病人を受け止め、体を拭きながら、「あなたは大切な人です。あなたは神様から赦されて愛し抜かれています」と静かに語りかけたそうです。そのとき、死人同然の男性がうっすらと目を開き、微笑みを浮かべたといいます。
「たとい死の間際であっても、憐れみや同情ではなく、一人の人間として対等に接してくれる人が側にいるだけで、人は温かい愛に満ちた心に生まれ変わることができるのですね」と、この神父は後に語ったそうです。

あなたが出会った人たちは、神様がいのちを懸けて愛されたのです。日々の生活を振り返って、自分と接してくれた人たちに、どのような振る舞いをしてきたか考えてみましょう。そして、これからの毎日を、イエス様の愛をもって仕えていきましょう。

時代を読む

「さらにあなたがたは、今がどのような時であるか知っています。あなたがたが眠りからさめるべき時刻が、もう来ているのです。私たちが信じたときよりも、今は救いがもっと私たちに近づいているのですから。」（ローマ13・11）

この号が出る頃（2020年6月）、新型コロナウィルスによる感染拡大がどのようになっているか分かりませんが、先の見えない時代に突入してきているように感じます。人間がこれまで築いてきた文明なども、またたく間に崩壊し得るものであることを改めて思わされます。

パウロは2000年前のクリスチャンたちに、「あなたがたは、今がどのような時であるか知っています」と語りかけています。そして続けて、「夜は深まり、昼が近づいた。だから神のみこころにかなった生き方をしなさい」と伝えます。

イエス・キリストによる救いの道が開かれた後に生きている私たちも、2000年前にパウロの語りかけを受けたクリスチャンたちと「同じとき」を生きています。今はキリストのみこころを行ない、キリストの再臨を待ち望むときです。

ペテロはこのように警告を与えています。「しかし、愛する人たち、あなたがたはこの一つのことを見落としてはいけません。主の御前では、一日は千年のようであり、千年は一日のようです。主は、ある人たちが遅れていると思っているように、約束したことを遅らせているのではなく、あなたがたに対して忍耐しておられるのです。だれも滅びることがなく、すべての人が悔い改めに進むことを望んでおられるのです。」（Ⅱペテロ３・８、９）

２０００年間、主が再臨されていないからといって神を求めずに生きるのではなく、私たちは変わらずに主のみこころを求めて生きるのです。そして一人でも多くの人が、キリストの救いと永遠のいのちへの希望を知ることができるように人々に仕えていくのです。新型コロナウィルスのために、今までのように伝道礼拝に誘ったり、集まって讃美したり、祈ったりはできないかもしれませんが、神様の愛はそれで留められてしまうものではありません。

電話でも、メールでも、ＦＡＸや手紙でも、私たちが繫がっている人々に神の愛を表していくことができます。このような時にこそ、今までと違う方法で神様の愛をもって人々に仕えていきましょう。必ず神様はあなたを用いて祝福を広げてくださいます。

ルターは、「たとえ明日世界が滅びよう（再臨が来よう）とも、僕は今日、リンゴの木を植える」という言葉を残したといいます。私たちも同じように、たとえ明日、再臨が来ようとも、今日すべきことは神様のみこころを行うことです。それがあなたの人生に平安を与えることになるのです。

世の中と聖書の価値観の違い

「この世と調子を合わせてはいけません。むしろ、心を新たにすることで、自分を変えていただきなさい。そうすれば、神のみこころは何か、すなわち、何が良いことで、神に喜ばれ、完全であるのかを見分けるようになります。」（ローマ12・2）

今月は少し趣向を変えて、一般的な世の中の価値観と聖書の価値観の違いについて、こんな文章を考えてみました。

世の中は「自分の力で何とかしなければいけない」というが、
聖書は「神の力に頼りなさい」という。

世の中は「弱さを見せたらいけない」というが、
聖書は「自分の弱さを認めた時からスタート」という。

世の中は「死んだら終わり」というが、
聖書は「死は終わりでない」という。

世の中は「人は偶然に存在している」というが、
聖書は「神が目的を持って造られた」という。

世の中は「自分の価値を高めろ」というが、
聖書は「そのままで価値がある」という。

世の中は「幸せは持っているもので決まる」というが、
聖書は「心の貧しいものは幸いだ」という。

世の中は「やられたらやり返せ」というが、
聖書は「あなたの敵を愛しなさい」という。

世の中は「多少のことは我慢しなさい」というが、

聖書は「すべてを感謝しなさい」という。

世の中では「自分がされて嫌なことはするな」というが、
聖書は「自分にしてもらいたいことを他人にしなさい」という。

世の中では「明日のために備えなさい」というが、
聖書は「明日の心配はするな」という。

世の中では「分け与えると減る」と考えるが、
聖書は「分け与えると広がり、豊かになる」と教える。

世の中では「愛されることを求める」が、
聖書では「愛は与えることだ」と教える。

これらは、こうならなければいけないという律法ではありません。
このような変化は、聖霊が心に住まわれたとき初めて可能になるものです。聖霊に頼らずに自分の力で行おうとすると、どこかで行き詰まりを覚えてしまうでしょう。

しかし、「主よ。弱く心の貧しい私を助けてください」と祈るとき、主はあなたに無尽蔵の祝福を与えてくださいます。あなたは満ち溢れる祝福を流す者へと変えられます。

今日という一日を、神の価値観で生きることができるように、ともに主を求めて祈って始めましょう。

キリストとともに

今年（２０２３年）、私たちの教会に与えられたみことばは、イザヤ61章1節です。

「【神】である主の霊がわたしの上にある。貧しい人に良い知らせを伝えるため、心の傷ついた者を癒やすため、【主】はわたしに油を注ぎ、わたしを遣わされた。」

ここに出てくる、貧しい人に良い知らせを伝え、心の傷ついた者を癒やすために主によって油注がれ遣わされた「わたし」とは誰のことでしょう。

これはイザヤ書の後半、40章からの中心主題ともなっている「主のしもべ」のことです。イザヤ書で「ヤハウェ」なる神に次いで重要な存在として語られているのが、この「主のしもべ」です。

イザヤは「主のしもべ」について、その性質（42・1―25）、召し（49・1―6）、働き（50・

4—9)、苦難の定め(52・13—53・12)を預言しています。

イザヤ書40章からは、39章までの背信の民への裁きの宣告と変わって、神の民の解放と回復が「新しい出エジプト」として描かれています。これは(イザヤが預言したとき、まだユダ王国は滅びてもいませんでしたが)、直接的にはバビロン捕囚からの解放の預言です。しかし、それだけにとどまらず根源的な罪の刑罰からの救いと解放のメッセージが含まれているのです。

この救いと解放を与える存在が「主のしもべ」であり、それはイエス・キリストのことです。


また「しもべ」というのは、主人に従う存在です。イザヤ書に記されている「主のしもべ」とは、神であるヤハウェに仕える者で、その意思に完全に従う存在として描かれています。

イエス様は、ヨハネ6章38節で、「わたしが天から下って来たのは、自分の思いを行うためではなく、わたしを遣わされた方のみこころを行うためです。」と言われました。

イエス様こそ、この地上で神のみこころを100パーセント行なった唯一の「主のしもべ」なのです。

神様は、イエス・キリストに油を注ぎ、貧しい人に良い知らせを伝え、心傷ついた者を癒やすために遣わされたのです。

そして、イエス様が神のみこころを成し遂げ、天に戻られた今、私たちは聖霊の油注ぎを受けて、「主のしもべ」としての使命を与えられ、遣わされているのです。以下の２つのみことばを心に留めましょう。

「あなたがたには聖なる方からの注ぎの油があるので、みな真理を知っています。」（Ⅰヨハネ2・20）

「イエスは再び彼らに言われた。『平安があなたがたにあるように。父がわたしを遣わされたように、わたしもあなたがたを遣わします。』こう言ってから、彼らに息を吹きかけて言われた。『聖霊を受けなさい。』」（ヨハネ20・21―22）

私たち一人ひとりは、聖霊を受けて人々に神の愛と赦しと解放をもたらす器として、イエス様によって遣わされているのです。今年、このみことばに立って、あなたの周りの人々が救われ、祝福が広げられていくように祈りつつ、キリストとともに歩んでいきましょう。

第4章

神のいのちあふれる教会へ

次世代に何を残すのか

先日、日本の教会を長らく指導する立場に立っておられる先生から、こんな興味深い話を聞きました。

今、日本の多くの教会が世代交代の時期を迎えています。日本には元来、「次にバトンを渡す」という言い方があるが、教会での世代交代を考えるとき、二つの意味でその言葉は適切ではありません。

一つは、走る人は変わるがバトンは変わらないということです。もちろん福音の真理という意味では変わってはいけないものがあります。しかし、得てしてバトンを渡すという場合、先代たちが築き上げてきた体制だったり、やり方だったり、いわゆる伝統というものが多いのです。次世代は、「バトンを渡す」という言葉の中に、これをこのように守りなさいと言外に含まれているように感じてしまいます。

そして、「バトンを渡す」という言葉のもう一つの弊害は、バトンを渡した本人は走るのをやめてしまうことです。バトンを渡した人は、それで自分の役割は終わったと感じ、そのまま走るのをやめてしまいます。しかし、聖書にはそんなことは書かれていません。神様が命を与えておられる地上での最後の瞬間まで、私たちは生かされている意味と使命があることを忘れてはいけないのです。

それを聞いて、「なるほどな」と思わされました。福音の真髄ではなく伝統だけが受け継がれ、それを次の世代に手渡すことが自分の役割と思ってしまうのです。そこにはたくさんの弊害が生まれてしまいます。イエス様が伝統を守ることに縛られていた律法学者やパリサイ人ではなく、「無学な普通の人」（使徒４・13）と言われていた十二弟子を選ばれた理由が分かる気がします。私たちが次の世代に何かを残すとしたら、それは、知識ではなく、どんなことがあっても愛なる神は私を決して見放さないという信仰の姿勢を見せることによって伝わっていくものなのではないでしょうか。

一人ひとり直面する問題は違います。それぞれの賜物も違えば、置かれた場所や状況も違います。すべての状況に対処できる方法なんてものはありません。礼拝も、今は信教の自由が与えられ会堂が与えられている中でささげられています。しかし、信教の自由がなくなっても、会堂がなくなっても、礼拝をささげることができるのです。その中心の部分こそ受け継がれていくものでありますが、それはバトンのように手渡すものではなく、ともに走って見せていくものなのだと思います。

次世代に何を残せるのか……。次世代が自分の世代に責任を持ち、神のダイナミックなみわざを期待できるように、今の世代に働かれる神様の偉大なみわざを見せていく信仰と姿勢、それが鍵ではないでしょうか。

「あなたがたは、世にあっては患難があります。しかし、勇敢でありなさい。わたしはすでに世に勝ったのです。」（ヨハネ16・33＊）

必死に生きる

少し前の第４礼拝のメッセージ中にゴキブリが出ました。講壇に向かっていたのに気づいた礼拝者が、おもむろに立ち上がり持っていた紙を筒状に丸めて、「バシンッ！　バシンッ！」と何度か叩き、ごみ箱に持っていきました。急な出来事で、私を含めて何が起こったか分からない人が多くいましたが、やがて状況が分かり、大事でなかったことにホッと胸をなでおろしました。

ゴキブリに限らず、昆虫は大抵死ぬとお腹を上にしています。不思議に思って調べてみると、昆虫の体のつくりは、生物学上何もしなければひっくり返った姿が普通だというのです。つまり昆虫というのは、生きている間、手足を必死に動かして、バランスを取って生きているのです。しかし、死ぬと手足を動かすことができなくなる。すると踏ん張ることができなくなり、重心の重い背中側が下になって、ひっくり返るということです。生きている昆虫は、何もしていないように見えて、ひっくり返るまいと必死なのです。また、もし昆虫の手や足がバラバラに動いたのでは、バランスが取れなくて、すぐにひっくり返ってしまうでしょう。

普通そんなことはありません。昆虫は虫であっても、自分の体を自分の意志で動かすことができるからです。このことは複数の人たちが造り上げている組織にも同じことがいえます。

聖書には、教会はキリストのからだであって、かしらはキリストだと教えられています（エペソ1・22―23参照）。私たちはキリストのみこころで動く一つの共同体を形成しているのです。神のために生きようとするときに、キリストのからだの各パーツが協力し合って機能する必要があります。そうでないと教会もひっくり返って機能しなくなってしまいます。この世の中には、神に対抗する力が働いているからです。

「この世と調子を合わせてはいけません。」（ローマ12・2）と聖書は教えています。キリストのからだが、この「罪と死」が支配する世界と調子を合わせるならば、死んだ昆虫のようにあっという間にひっくり返されてしまうでしょう。

昆虫がこの世の物理の法則に逆らってひっくり返らずに生きていられるのは、昆虫に命がある間です。私たちがキリストのからだとして機能するためには、キリストのいのちを頂かなければいけません。

「命」という字は「口」と「令」という部分から成り立っています。「口」は神からのことば、「令」は神のお告げを受けている人を表しているそうです。つまり、「命」という字は、神の口から出たことばによって人に「命」が与えられたということを表しているのです。

神の口から出た「ことば」によって、「霊のいのち」が与えられた私たちが、組み合わされて、キリストのみからだなる教会を建て上げるとき、この世の力に打ち負かされることなく、神の福音を輝かす存在となるのです。

「あなたがたはキリストのからだであって、一人ひとりはその部分です。」（Ⅰコリント12・27）

分母を増やす

「聞いたことのない方を、どのようにして信じるのでしょうか。」（ローマ10・14）

あるクリスチャン企業の方が、教会に来られた時にこんなお話をされたことがあります。「僕は教会を訪問する時は、最寄駅からタクシーに乗ることにしている。そして運転手に『○○教会に行ってください』と伝える。それでタクシーの運転手が分かれば、その教会は地域に根差し、知られていると判断できる」と。

「それでウチの教会はどうでした？」と聞くと、「運転手に『飯島のダイヤモンドの方ですか？　野七里の方ですか？』と聞き返されました」と笑って答えられました。それを聞いた私は嬉しくなりました。

私たちの教会は、横浜に二つのチャペルを持ち、地域に仕える教会として様々な活動に取り組んでいます。しかし町の人たちが単に教会の存在やイエス・キリストの名前を知っているだけでは充分ではないでしょう。

その中で出会った人が、イエス・キリストは自分の人生にとってどういうお方なのかを考えてもらえるように願っています。そのために私たちは、神の愛を持って人々と関係を築いていく必要があるのです。「聞いたことのない方を、どのようにして信じる」ことができるのかと、みことばは語りかけます。しかし、それはただ知識として聞けばいいということを言っているのではありません。

私は、キリスト教の真髄は、「関係の回復」にあると思っています。私たちが壊してしまった関係を、神が回復してくださったのです。神様は「関係を築くこと」を大切にしておられます。それはイエス様ご自身が私たち人間と関係を築くために人となられ、この地に来てくださったことからも明らかです。イエス様は、地上で、単に会堂で教えるだけでなく、人々の生活の場に出て行って仕えてくださったのです。私たちも福音を伝える時、言葉だけで伝えるのではなく、イエス様がされたように人々のところに出て行って関係を築く必要があります。

「分母を増やす」とタイトルに書きましたが、私たちが「神の愛をもって仕えた人の人数」、それが分母の数になります。分子の数は「救われた人の数」です。そう考えると分子の数は、分母の数以上にはなることはありません。分子の救われた数ばかりを気にするのではなく、自分に関わる人を神の愛を表す対象と捉え、分母の数を増やしていくことを考え取り組みましょう。神の愛を体験する分母の人数が増えれば、自然と分子の数も増えるのです。
よみがえられたイエス様は、部屋に閉じこもっていた弟子たちに現れて言いました。

「平安があなたがたにあるように。父がわたしを遣わされたように、わたしもあなたがたを遣わします。」（ヨハネ20・21）

イエス様が私たちと、神の愛の関係を築くために天から遣わされたように、私たちも教会の外に出て行って、人々と神の愛の関係を築くことを神様は願っておられます。イエス様を手本として、人々に神の愛を表し、関係を築いていきましょう。

ひとづくり、まちづくり

「ですから、私の愛する兄弟たち。堅く立って、動かされることなく、いつも主のわざに励みなさい。あなたがたは、自分たちの労苦が主にあって無駄でないことを知っているのですから。」（Ｉコリント15・58）

パウロは、第一コリント15章で「復活の希望」について語っています。コリントの教会には、復活を否定する人々がおり、また、分派や混乱があったためです。パウロは、私たちが復活の希望を持つことにより、①死を乗り越えた希望を持つことができる、②最終的な勝利を手にすることができる、③復活こそが私たちの宣教の原動力となる、と語っています。

そして、その結論として58節に、「いつも主のわざに励みなさい」と書いています。復活の希望が与えられているから「今の困難な時を耐え忍びなさい」ではなく、置かれたところで主のわざを行ないなさい、と語っているのです。復活の希望をいただいた者が仕えていくとき、世にその影響が広がっていくと伝えようとしているのではないでしょうか。

戦後、日本の福音派のクリスチャンは、世の中の営みを悪と捉え、そこから分離する傾向にあったように感じます。確かに、聖書の中で世の中と迎合することに注意は促されていますが、パウロのこのメッセージを考えるとき、救われた私たちは、自分を世の中と切り離して主への奉仕をするのではなく、置かれた場所で神のみこころが成し遂げられるように仕えなさいと言われているように思うのです。

それは、今の世界と、やがてくる天国は切り離された別物ではなく、繋がりがあるからです。「被造物自体も、滅びの束縛から解放され。」（ローマ8・21）と書かれています。やがて来る新天新地において、今の被造物は、本来神様が造られた形と機能を取り戻した形で現れるのです。だから私たちが、今この世界で神のみこころを求めて労苦していることは決して無駄でないとパウロは言うのです。

かつてアダムに被造物の管理を任せられた神様は、神の子どもとされた私たちにも同じことを求めておられます。人が神様に背いたため、本来の秩序を失った世界ではありますが、その中で、神様のみこころが行われるように、私たちは遣わされているのです。

以前、奉仕先で泊まったホテルのテレビをつけたときに、ある会社の特集番組をやっていました。その会社のテーマは、「ひとづくり、まちづくり」で、その業績が認められて国から表彰されたそうです。すべての組織は、社会的責任を伴って存在しています。自分の会社のことだけを考えて、目先の利益を追っている会社は長続きしません。

そしてこのことは、クリスチャンや教会にも当てはまります。世の中と分離するのではなく、むしろ教会が率先して、「ひとづくり」と「まちづくり」に関わることができたら、どうでしょうか。本郷台キリスト教会の群れは、高齢者福祉、障がい者福祉、保育、学童、子育て支援、スポーツなど様々な分野で社会に仕える場が与えられています。個人単位では、さらに多くの分野で仕える場が与えられていることでしょう。

それぞれ遣わされている現場で神様のみこころがなされるように労苦し、神様の愛をもって仕えていくときに、困難はあるけれど、神様が人々や状況に働いてくださることを信じます。そのようにして教会が置かれている地域が、私たちが遣わされている場が変えられていくならば、どんなに素晴らしいことでしょうか。

教会とはどのような場所か？

「そこで、兄弟たち。あなたがたの中から、御霊と知恵に満ちた、評判の良い人たちを七人選びなさい。その人たちにこの務めを任せることにして、私たちは祈りと、みことばの奉仕に専念します。」（使徒6・3、4）

教会とはどのような場所でしょうか。

「教会には『エクレシア』というギリシア語が使われていて、『呼び出された者の集まり』という意味がある」ということは、これまでも機会あるごとにお話しさせていただきました。

教会には人が集まってきます。人が集まる以上、そこには目的がある訳です。目的もなく集まった人たちはいません。そのような集まりは、信号待ちで集まっている人たちのように、信号が青になれば、それぞれの目的地へ散っていきます。

教会に人が集まるとしたら、そこに共通の目的がある訳です。そして目的達成のために組織が作られ、ルールが生まれます。教会が誕生して２０００年が経っていますが、これまでに様々な教会が生み出されてきました。

どのような教会を建て上げるのかについて、神様はある程度の自由を私たちに与えてくださっているように思います。それを牧師や教会のリーダーが決める教会もあれば、信徒が決める教会もあります。

私の知り合いのある牧師先生は、教会で傷ついた人が集まれる教会を建て上げたいと、信徒を無理に奉仕させないことをモットーにしています。また、人数が多くなると交わりが希薄になるとして教会成長を目指さない教会もあります。ある牧師先生は、10年以上同じ教会に留まると牧師が教会を私物化する危険性があるからと、10年毎に移動されています。それぞれの牧師先生に与えられた賜物や視点が用いられているのかなと思います。これはどのタイプが正解で、どれは間違いという類のものではないでしょう。

私は牧師の息子として生まれ、物心つく前から会堂建設のための廃品回収の車に乗せられて、牧師の仕事を見てきました。これらは私が見てきた牧師の仕事です。

主日礼拝メッセージとその後の交わり、愛餐会、祈禱会、早天祈禱会、聖書研究会、リーダー訓練会、信徒訪問、伝道、牧会、悩み相談、電話対応、週報印刷、役員会、家庭集会、それ以外でも教団の仕事、地域に仕える働きとしてPTA会長、民生委員、廃品回収などです。

時期が被っていないものもありますが、もしこれらをすべて一人でやろうとすると時間が足りません。どこかにしわ寄せがきます。一人では担いきれない働きなのです。しかし多くの教会では、「教会の働き＝牧師の働き」と考えられているのではないでしょうか。すると、教会は牧師の力量で測られることになります。

教会はキリストのからだです。そしてキリストのからだが機能するためにイエス様は一人ひとりに賜物を与えてくださいました。

本郷台キリスト教会もかつては牧師がせわしなくすべての働きを担う教会であったように思います。しかし、その流れが変わったのは一人の婦人が教会の平日の電話番を申し出てくださったからでした。

―一人ひとりが与えられたものを神様に用いていただく―

そのようにして、現代に必要な働きを担う神の教会が建て上がっていきます。あなたもご一緒に、自分に与えられた賜物をもってキリストのからだを建て上げませんか。

クリスマスシーズンを前に

神学校の説教学の授業では、説教1分に対して1時間の準備をしなさいと言われてきました。つまり30分の礼拝メッセージならば準備に30時間かけるということです。

私の場合、週の初めに静まり、何人もの信徒を思い浮かべながら祈りつつメッセージテーマや主題を決めるところから始めます。その後、様々な資料を調べたり、原稿を書き出したりするのですが、一番時間をかけるのはメッセージの仕上げの部分です。

メッセージ時間は30分と限られています（ときどきオーバーしてしまいますが……）。30分の中に準備して調べたことをすべて入れ込もうとすると、ごった煮のようになって何の話をしているのか分からなくなってしまいます。礼拝メッセージは講義ではないので、ここからメッセージを削っていく作業をするのです。

本当に伝えたいことを1つに絞り、そのテーマにふさわしいトピックだけを残して後は削っていきます。もちろん聖書の文脈や真理から外れてはいけません。それでいて1回のメッセージとして理解しやすい内容となっていなければいけません。一度原稿を寝かせるという作業もします。いったん原稿から離れて、冷静になってから読み直してみると、見えていなかったものが見えることもあります。

次に与えられたメッセージを、今度は自分の言葉で語れるように何度も声に出して読みあげます。そのようにして自分自身が、みことばの奥底に流れている神様のご臨在に触れられて感動するまで、何度も主の声に耳を傾けます。最後に伝わるのは語る者の心だと思うからです。語る本人が主の語ることに感動していなければ、主の力が伝わっていくことはありません。

あるとき、80代と90代のご両親を礼拝に連れて来られている信徒の方から言われました。「先生、私たちは聖書の難しいことは分かりません。でも、みことばから今日を生きる力をもらうために礼拝に来ています」と。また最近、オンライン礼拝に集われている高齢者施設の方からは、「毎回、今日が最後の礼拝と思って出させていただいています」という声も届きました。

このような方々の声を受けて、私も一回一回、真剣な思いで講壇に立たせていただいています。

イエス・キリストの誕生は、真っ暗闇の中、滅びるしかなかった私たちのところに届けられた希望の光です。初めはひとつのとても小さく弱いともしびのようでした。しかしそのともしびは、決して消えることなく輝き続け、多くの人に分け与えられていきました。そして時代を超えて私たちのところに届き、いまや世界各地で輝きを増し続けています。本郷台キリスト教会で語られるメッセージが、そのようにして希望の光を灯すものとなるように願いながら、今年もクリスマスシーズンに備えていきたいと思います。

霊的三世代を目指す

２０１５年に主任牧師を引き継いでから、「アブラハム世代・イサク世代・ヤコブ世代」という表現を用い、「教会にはそれぞれの世代が必要」という話をさせていただいています。

神様はアブラハムの信仰に目を留めて、アブラハムを大いに祝福し、彼を通して世界の人々を祝福すると約束されました。アブラハムは１００歳でイサクを生み、イサクはエサウとヤコブを生みました。そしてヤコブからイスラエル十二部族の族長となる12人の子どもたちが生まれたのです。このヤコブに、神様は「イスラエル（「神は戦われる」「神が支配される」の意）」という名前を与えたのです。

つまりアブラハムに与えられた祝福の約束は、三世代かけてその土台が築かれたと言えます。このことはとても大切です。

例えば、ダビデは主に用いられた人物でしたが、その子ソロモンは晩年になり偶像礼拝の罪に陥りました。そしてダビデの孫にあたるレハブアムの時代になると、イスラエル王国は南北に分裂してしまいました。

三世代かけて信仰が継承されていくことは難しいのです。救われた私たちは、自分が救われて良しとするのではなく、信仰が受け継がれていくことに心を配らなければいけません。それは私たちの家族に対してもそうですが、霊の家族に対しても必要なことです。

例えば、救われたあなたを第一世代とします。あなたを通して救われた方は、あなたから見て霊的な第二世代（子ども）です。この第二世代の方が誰かを救いに導くなら、あなたにとっての霊的第三世代（孫）が誕生するわけです。霊的に先に生まれた私たちは、この第三世代の誕生まで責任を持つ必要がある、そう思います。

パウロは、テモテを「信仰による、真のわが子テモテ（Ⅰテモテ１・２）」と呼んでいます。そして彼にこのように勧めています。

「ですから、私の子よ、キリスト・イエスにある恵みによって強くなりなさい。多くの証人たちの前で私から聞いたことを、ほかの人にも教える力のある信頼できる人たちに委ねなさい。」（Ⅱテモテ２・１、２）

パウロは、テモテが「次の世代を育てるように」と励ましています。パウロにとっての霊的第三世代（孫）に当たります。パウロはここで3つのことをテモテに伝えています。

①恵みによって強くなりなさい……私たちの霊の目が開かれると、神の恵みに目が留まるようになります。次世代を育てるというとき、様々な意味で自分自身が問われ、扱われます。神が与えてくださる恵みによって強くされる必要があります。

②教える力のある信頼できる人たち……信頼できる人、自分が信じるだけでなく人にも伝えることのできる人を神は備えてくださっています。その人たちが誰なのかを見極めなさい。

③私から聞いたことを委ねなさい……その人たちにパウロから聞いた福音を委ねていきなさい。

今、私たちは牧会ファミリー（セルグループ）を再構築していこうと取り組みを始めています。これはまさに救われた私たち一人ひとりが、霊的第三世代まで責任を持とうという働きです。アブラハムに約束された神の祝福が、日本においても豊かに広がっていくように、10×10のビジョンの実現を信じて取り組んでいきましょう。

人生の転機

誰にでも人生の転機は訪れます。

私にとって大きな人生の転機の一つは、２０１５年の主任牧師交代のときです。池田博先生が主任牧師を退くというとき、私は当然T先生やK先生が継がれるのだろうと思っていました。しかし、両先生は博先生と一緒に退かれるとすでに決断していました。青天の霹靂でしたが、その場にいた全員の目は私に注がれました。私は祈って決断せざるを得ませんでした。今回はその辺りのことを振り返ってみたいと思います。

私が主任牧師を引き継ぐことを考えたとき、一つ引っかかる悩みがありました。

それは父である博先生が18年に亘って廃品回収をしてきたということです。信徒や関連団体のリーダーたちは実際にその姿を見て、「牧師先生がここまでして来られたのだから、私たちも頑張ろう」と仕えてこられたのでした。

一方、私は高校卒業直後アメリカの神学校に留学し、神学校を卒業してすぐに本郷台キリスト教会で牧師として仕えたので、社会で働いた経験がありません。廃品回収をしてきた博牧師に対する信徒の声を聞くたびに、こんな自分にみんなついてきてくれるか、自分が話すことにみんな耳を傾けてくれるか心配だったのです。

廃品回収ではなくても、なにか人の役に立つ仕事をして、働きながら仕えた方が良いのではないかと思い悩んでいたのです。

そんなときに神様は私に「土台があるのに、その上にもう一度土台を作る人はいない。土台の上には家を建てなければいけない。わたしはあなたに『あなたのなすべきこと』を示す」と語ってくださり、そのままの状態で主任牧師として立つことを決断したのでした。

決断のとき、私は一つの出来事を思い出しました。

それはJ＋パッションという、現在も続いている超教派の集会の実行委員会での出来事でした。この集会は若手を育てるということから、45才以上の牧師は実行委員会から引退するという決まりがありました。ですので、私が実行委員として関わっていたのはまだ30代の頃でした。

ある日の集会の舞台裏の待合室で、偶然そこに居合わせた実行委員の先生方全員が牧師二世だと分かり、牧師家庭あるある話が始まりました。その中で一人の先生が、牧師二世には牧師二世の使命があるという話をされました。牧師二世は、〇〇先生の子どもということで小さいうちから様々な会合に出ることが許されます。全国的・世界的に神に用いられている先生にも、小さい頃から名前を覚えてもらい、祈ってもらったりしています。牧師二世が経験することは、そのような視点から見ると、とても大きな恵みであり、神様が与えてくださったその恵みを無駄に受けてはいけないという話になったのです。

その話を聞きながら私は確かにそのとおりだなと思い、新たに目が開かれたように感じました。それまでは「親の七光り」などと言われ反発していたのですが、それからは「親の七光りでも、神の栄光のために用いてください」と祈ることができるようになりました。自分の育ってきた環境も神の御手の中にあり、神の栄光のために用いられると知って一歩踏み出したときでした。

そのときのことが何十年後の主任牧師交代の際に思い出されて、決断の一助となるとは思ってもみませんでした。神様は何気ない出来事の中にも、将来の転機となる事柄の備えをしていてくださるのだなと改めて感じています。

「私たちは神とともに働く者として、あなたがたに勧めます。神の恵みを無駄に受けないようにしてください。」（Ⅱコリント６・１）

アズベリーのリバイバルに思う

この原稿を執筆する少し前にアメリカ、ケンタッキー州のアズベリー大学でリバイバルが起きているというニュースが流れてきました。

2023年2月8日、毎週水曜日に行われる大学のチャペルが終わろうとしているとき、聖歌隊の最後の合唱が始まると、その場に「何か」が起きたというのです。そこにいた学生や職員たちは、その場を離れ難い感覚になり、讃美が続けられました。そして、その中で証しをする人たち、罪の悔い改めをする人たちなどが次々起こされ、礼拝が継続されたのです。この礼拝は終わることなく夜中も続き、翌日も、そのまた翌日も続けられたのです。やがてアズベリー大学のチャペルで「何かが起きている」というニュースを聞きつけた近隣の人々も集い始め、礼拝は実に2月23日まで2週間にわたって止むことなく続けられたのです。大学側は2月23日の全米の「大学のための祈禱日」をもって、通常の礼拝、通常の授業に戻すと発表しました。この「大学のための祈禱日」というのは、毎年2月の最終木曜日に持たれていて、１８２３年アメリカでの大リバイバルをきっかけに「大学のために祈る日」として制定された日でした。２０２３年２月23日は、ちょうどそのときから２００年に当たります。

これまでアメリカは４度の大きなリバイバルを経験していると言われます。１回目は１７３０―５０年に起きた「第１次大覚醒」、２回目は１８００―３０年に起きた「第２次大覚醒」、３回目は１８８０―１９００年の「第３次大覚醒」、４回目は１９６０―７０年の「第４次大覚醒」です。

これらのリバイバルをきっかけにアメリカでは、アメリカ聖書協会や日曜学校同盟、アメリカンボードなど超教派の宣教団体、数々の神学校、教団教派、クリスチャン雑誌やキリスト教系のテレビ番組などが生まれ、キリスト教界の働きを力強く後押ししてきました。今回のアズベリーのリバイバルがどのような実を結んでいくのか期待しています。

アズベリーに起きたリバイバルの火は、いま各地に飛び火しているというニュースも聞きます。「10×10」の実現を前に日本にもリバイバルがやってくることを期待させるニュースです。私たちもリバイバルのために祈り備えたいと思います。

今回のリバイバルは、SNSなど通信技術の発達により、リアルタイムで全世界に流されたことも特徴的でした。讃美と祈りが止まない様子や、人々が主の臨在に触れられている様子を見ることができました。

私はこの光景を見ながら、本郷台でリバイバルが起きたときのことを考えていました。ある日の集会に主の霊が注がれ、讃美と祈りが止まなくなります。その場に「何か」が起きているのです。クリスチャンたちは吸い寄せられるようにして集まって来て、悔い改めや和解、癒やしがなされます。

やがて、「何かが起きている」と聞きつけ、興味半分でやって来るような人も出てくるでしょう。しかし、どのような理由であれ、その場に集った人たちの中には、主の臨在に触れられ涙する人たち、自分の罪が示される人たちが起こされるはずです。

そのときに彼らに話しかけ、みことばを語り、悔い改めに導く人が必要とされます。そのような導き手を育てていかなければいけません。また継続的なフォローのために牧会ファミリーを紹介し、所属してもらうのが良いでしょう。今の何倍もの牧者が育てられていく必要があります。リバイバルはすぐそこまでやってきています。そのときを思い描いて今から祈り、備えていきましょう。

「……わたしはあなたがたのところに助け主を遣わします。」（ヨハネ16・7c）

Evangelism（福音宣教）とMission（伝道活動）

先日、関東学院との懇談会で松田学院長が『これからの福音宣教像』（B・C・ジョンスン著、吉田信夫訳、日本基督教団出版局、１９９６年）の本を引用されて、Evangelism エバンジェリズム（福音宣教）と、Mission ミッション（伝道活動）というお話をしてくださいました。その本の中でジョンスンは、エバンジェリズムを「福音を伝え人々を救いに導く狭義の意味での伝道活動」、ミッションを「伝道地でなされる教育や医療、福祉活動などの広い意味での伝道活動全般」と位置づけ、この二つを混同させないこと、そしていずれかに偏るのではなく両者をしっかりと有機的な関係に置くことが重要なのだと語っているそうです。

これを図にするとこのようになります。（図1）

この図を見たときに、私はこのような関係性を持たせることができると思いました。（図2）

この内向き矢印は、福音宣教に触れたことのない人々が「伝道活動」によってキリストに近づけられ、「福音宣教」によってキリストを信じ受け入れるようになっていくことを表しています。そしてキリストを信じた者は、今度は外向きの矢印に表されるように福音を伝える者としてミッションフィールドに遣わされていくようになるのです。

本郷台キリスト教会は20年にわたり、地域の人たちの必要に応える働きとして関連団体を立ち上げ、保育園、チャーチスクール（フリースクール）、サッカースクール、学童保育、障がいを抱えた方々のための地域作業所、デイサービス、訪問介護などの働きをしています。これはジョンスンの言うところの広義の意味での「ミ

図1

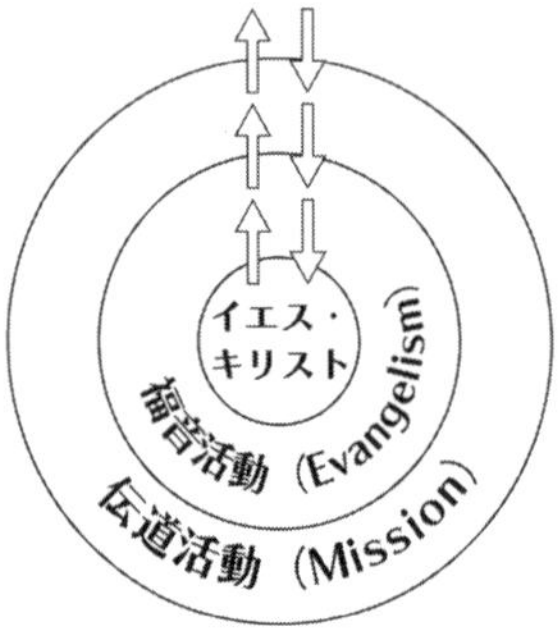

図2

ッション（伝道活動）」と言えるでしょう。

このミッションを通して出会う方たちが、いかに福音に触れ、信仰をもつことができるのかが教会としての課題です。

私は常々、関連団体の職員には「この働きを通して出会う人たちがイエス様を信じようが信じまいが私たちのすることは変わりません。私たちが働く場は、神の愛を受けた私たちが神の愛を実践する場です」と言って、関連団体の働きが紐付きの伝道活動にならないように伝えています。

しかし一方で、この働きを通して出会う一人ひとりが神の愛に出会い、十字架のもとに重荷をおろせるようにと切に祈らされてもいるのです。

やはりエバンジェリズムとしての「福音宣教」は、教会を通してなされる必要があります。教会のミニストリーや牧会ファミリーを中心に関連団体の利用者やその家族が気軽に加われる活動、それぞれのニーズに合ったサークルや自助グループ、講演会などを開くとき関連団体の働きを通して出会った人たちとの接点ができ、福音を伝えることができます。

ジョンスン流に言うなら、「福音宣教」にこそ人々を変える力があるのです。そして、それは「伝道活動」と密接に関わっているのです。みことばには、このようにあります。

「飢えた者に心を配り、苦しむ者の願いを満たすなら、あなたの光は闇の中に輝き上り、あなたの暗闇は真昼のようになる。」（イザヤ58・10）

飢えた者に心を配り、苦しむ者の願いを満たすのは、キリスト者の集まりである教会のすべきことです。教会が地域の人々の必要に応え、福音を明確に語るとき、闇は消え光を輝かせることができるのです。これこそ健全な教会のあるべき姿です。私たちに与えられた光を輝かせていきましょう。

人を育てる

「ですから、あなたがたは行って、あらゆる国の人々を弟子としなさい。」（マタイ28・19a）

私は最近リーダーたちに、「人を育てるときは、半分くらい自分の枠から飛び出ている人の方がいい」と伝えています。「人を育てる」というとき、私たちは、どうしても自分のコピーを作ろうとし、自分の持つ常識や考えの枠の中から出ている、と感じる人を敬遠しがちです。そして飛び出ている部分を指摘し、自分の範疇におさめようとします。しかしそれでは自分と同じタイプの人しか育ちません。イエス様があらゆる国の人々を弟子としなさいと言ったときに、均質的な弟子の群れを作りなさいと言ったとは思えません。なぜならイエス様の選ばれた12弟子は、個性豊かな面々だったからです。

図1をご覧ください。リーダーのAさんにとってBさんの方が育てやすいかもしれませんが、Cさんのように半分くらい飛び出て、理解できない部分がある方が良いのです。なぜな

ら、自分からはみ出ている分、神の国の領域が広がるからです。自分と同じタイプ、やりやすい人とばかりいても広がりはありません。

しかし、Cさんを受け入れ育てるためには、Aさんは自分のできない部分、つまり自分の弱さを認めなければいけません。仮にAさんを牧師と考えてみると分かり易いかもしれません。牧師が、自分が理解できる人だけを側において牧会したらどうでしょう。その教会は牧師の力以上には広がりません。しかし牧師が、「自分には限界がある」と認め、自分の範疇を超えている人と協力するなら、その教会の可能性はその分広がります。自分のできない範囲で働きが進むことに恐れを抱くかもしれません。しかし一致している部分があり、そこに祈りがあるなら、神のご主権の中で神の領域が広がると思うのです

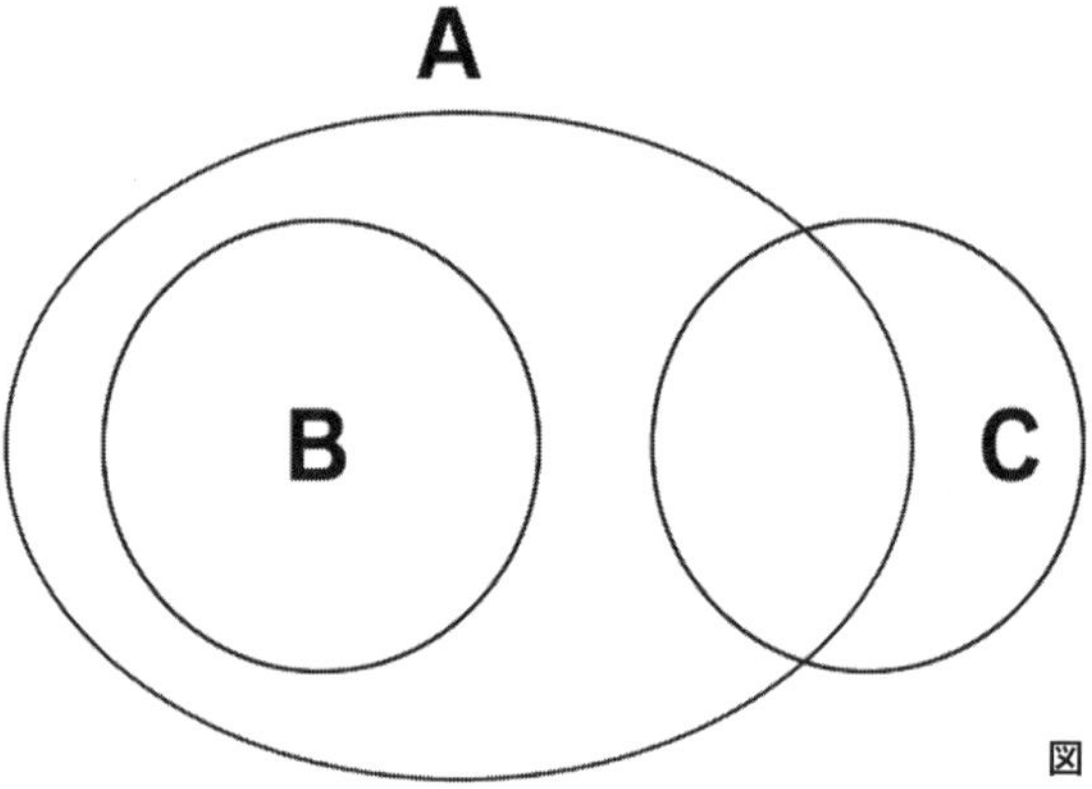

図1

（図2）。

更に進んで考えると、やがてCさんも人を育てる立場に立ち、Dさんを育てます。これまでの私でしたら、AさんとDさんに共通点がなければともに働くことはできないと考えていましたが、最近は少し違う考えになりました。リバイバルが起きて神の国が爆発的に広げられていくときに、神様はそれを導くリーダーたちも増やしてくださいます。

Aさんが、そのリーダー全員と接点を持つことは物理的に不可能になるでしょう。しかし、CさんがDさんとしっかりと繋がっていれば、それもまた良しと思うようになりました。そうすることで教会は更なる広がりを見せます（図3）。

大切なのはキリストにあって一つであること。キリストによって結び合わされていることなのです。

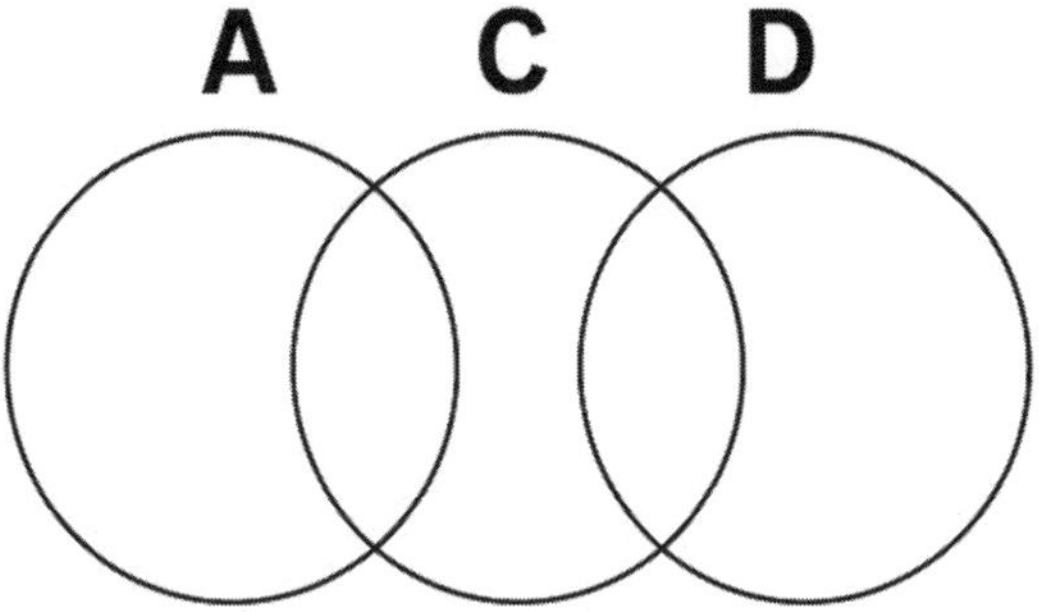

図2

私たちも、この図のように広がり続ける教会を目指しましょう。

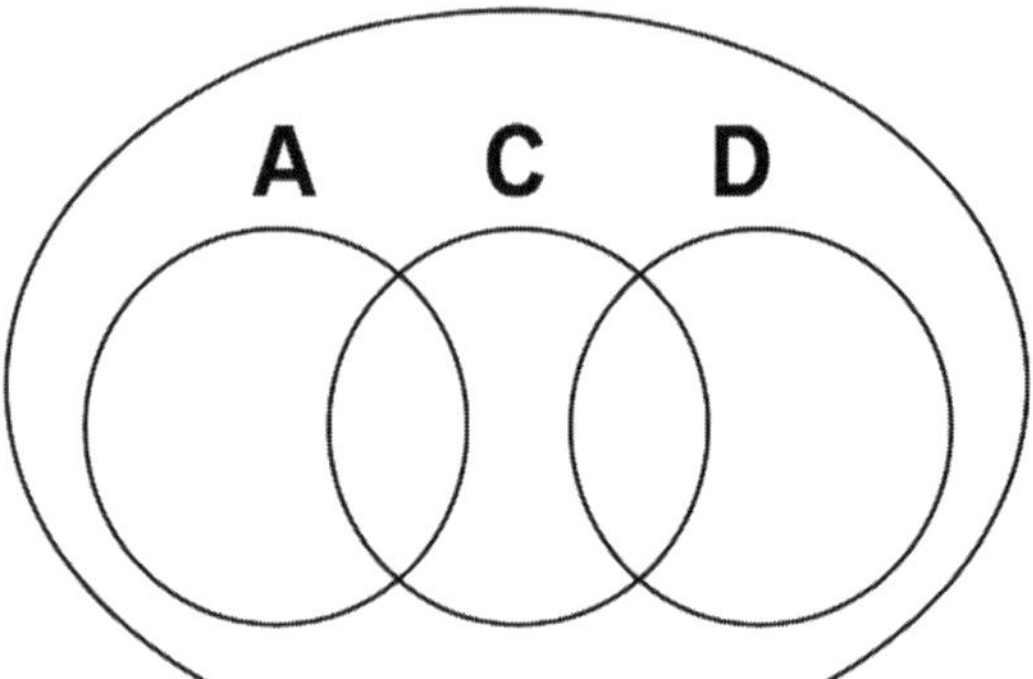

図3

池田恵賜（いけだ・けいし）

1971年、横浜生まれ。牧師家庭の次男として育ち、1991年にColumbia Bible College入学、1996年にMultnomah Bible College卒業。1997年より本郷台キリスト教会（日本福音キリスト教会連合）ユース牧師に就任。2015年に同教会主任牧師に。地域に根ざし、地域に仕える愛の教会として、保育園、サッカースクール、チャーチスクール、高齢者介護、障がい者支援を通して働きが広がっている。2011年の東日本大震災では支援活動に従事。2013年、石巻オアシス教会設立。2017年4月、社会福祉法人「真愛」を立ち上げ理事長に就任。

神様サイズの夢を語ろう

2024年6月26日発行

著　者　池田恵賜
装　丁　Yoshida grafica　吉田ようこ
印刷製本　日本ハイコム株式会社
発　行　いのちのことば社
〒164-0001 東京都中野区中野2-1-5
電話　03-5341-6923（編集）
　　　03-5341-6920（営業）
FAX　03-5341-6921
e-mail:support@wlpm.or.jp
http://www.wlpm.or.jp/

ISBN978-4-264-04500-7